만화로 배우는
의학의 역사
개정판

글 장 노엘 파비아니 그림 필리프 베르코비치
번역 김모 감수 조한나

만화로 배우는 의학의 역사

초판 1쇄 발행 2019년 10월 25일
초판 8쇄 발행 2021년 1월 15일
개정판 4쇄 발행 2025년 4월 30일

지은이 장 노엘 파비아니 / **그린이** 필리프 베르코비치 / **채색** 이자벨 르보 / **옮긴이** 김모

펴낸이 조기흠
총괄 이수동 / **책임편집** 최진 / **기획편집** 박의성, 유지윤, 이지은 / **감수** 조한나
마케팅 박태규, 임은희, 김예인, 김선영 / **제작** 박성우, 김정우
디자인 이슬기

펴낸곳 한빛비즈(주) / **주소** 서울시 서대문구 연희로2길 62 4층
전화 02-325-5506 / **팩스** 02-326-1566
등록 2008년 1월 14일 제25100-2017-000062호

ISBN 979-11-5784-548-4 03400

이 책에 대한 의견이나 오탈자 및 잘못된 내용은 출판사 홈페이지나 아래 이메일로 알려주십시오.
파본은 구매처에서 교환하실 수 있습니다. 책값은 뒤표지에 표시되어 있습니다.

🏠 hanbitbiz.com ✉ hanbitbiz@hanbit.co.kr 📘 facebook.com/hanbitbiz
Ⓝ post.naver.com/hanbit_biz ▶ youtube.com/한빛비즈 📷 instagram.com/hanbitbiz

L'Incroyable histoire de la médecine by Jean-Noël Fabiani and Philippe Bercovici
Copyright ⓒ Les Arènes, Paris, France, 2018.
All rights reserved.
Korean Translation Copyright ⓒ Hanbit Biz, inc., 2019.
This Korean Edition is published by arrangement with Les Arènes, France through Milkwood Agency, Korea.

이 책의 한국어판 저작권은 밀크우드 에이전시를 통한 저작권자와의 독점 계약으로 한빛비즈(주)에 있습니다.
저작권법에 의해 보호를 받는 저작물이므로 무단 복제 및 무단 전재를 금합니다.

지금 하지 않으면 할 수 없는 일이 있습니다.
책으로 펴내고 싶은 아이디어나 원고를 메일(hanbitbiz@hanbit.co.kr)로 보내주세요.
한빛비즈는 여러분의 소중한 경험과 지식을 기다리고 있습니다.

서문

의학의 역사는 거대한 인류의 역사 중 일부에 불과하다. 하지만 의학은 인간의 사상이 변할 때마다 함께 변했으며 전쟁이 일어나거나 중요한 정치적 사건이 벌어질 때도 민감하게 반응했다. 실제로 고대 그리스시대나 르네상스시대의 의사는 시대를 이끌며 믿음을 나누거나, 반대로 시대의 믿음에 저항하기도 했다. 또한 권력자를 돕거나, 반대로 권력자에게 반항하기도 했다.

의학이 걸어온 역사를 보면 의학이 추구하던 최고의 목표가 무엇이었는지 이해할 수 있다. 그 목표는 바로 '의학이 진정한 과학으로 인정받는 것'이었다. 원시시대에 인간의 본능에서 탄생한 의학은 당시 세계관을 반영하는 주술로부터 발전했다. 주술적인 치유행위에서 시작된 의술은 히포크라테스의 가르침 이후 과학적인 의술로 나아갔다. 그러나 이 과정에서 비웃음을 견뎌야 할 때도 많았고, 수 세기 동안 연금술이나 종교 교리, 미신 같은 강력한 신화와 맞부딪혀야 했다.

의학은 이러한 부침을 거쳐 과학 속에 어렵사리 자리 잡았지만 독립적인 과학의 한 분야라고 보기는 어렵다. 여전히 실무를 담당하는 의사보다 연구실에서 이론 연구에 몰두하는 연구자들에게 노벨의학상이 주어지며, 기초 생물학 지식을 사용하고 있기 때문이다. 물론 환자를 수학 방정식의 변수처럼 단순하게 다룰 수는 없다. 환자가 예상치 못한 요구를 할 때도 있고, 치료 효과를 확신할 수도 없으며, 환자마다 성격과 표현 방식도 다르다. 따라서 단순히 '근거 중심의 의학'에만 의존하지 않고 환자가 표현하든 하지 않든, 설령 정확히 정의할 수 없는 무엇인가가 있다고 해도 이를 소중하게 생각할 줄 아는 의사가 필요하다.

현대사회는 그 어느 때보다 인류의 미래가 달린 중요한 문제들과 마주하고 있기 때문에 의학과 의사들의 이야기 또한 진지해질 수밖에 없다. 의학의 역사는 때로는 감동적이기도 하고 때로는 우습기도 하다. 이러한 이야기 속에 학자, 야심가, 사기꾼, 성인, 고지식한 사람들이 유쾌하게 얽히고설킨 한 편의 인간희극과도 같다. 의학의 역사와 관계된 이 다양한 이야기는 진지하기도 하고, 동시에 재미있기 때문에 글과 그림으로 유쾌하게 구성하게 되었다. 그 속에서 어떤 이야기를 선택해야 할지 갈팡질팡할 때도 있었고 책을 쓰다가 포기하게 될까 불안하기도 했지만, 작가로서 의학의 역사라는 기다란 실타래를 다양한 이야기로 엮을 수 있어 다행이었다.

장 노엘 파비아니 씀

차례

제 1 장　원시시대에서 고대시대까지 07
제 2 장　중세시대 21
제 3 장　이발사에서 외과의사까지 33
제 4 장　전염병 39
제 5 장　혈액순환 57
제 6 장　의학 기구 73
제 7 장　근대 의학 83
제 8 장　마취법의 발견 89
제 9 장　감염과의 전쟁 95
제10장　실험 의학 111
제11장　소아 의학 117
제12장　뇌 질환의 발견 127
제13장　안과학 143
제14장　세포병리학과 유전학의 출발 149
제15장　출산과 피임, 그리고 성 157
제16장　대체기술의 등장 163
제17장　약초에서 알약까지 187
제18장　법의학 205
제19장　사회보장제도와 인간 중심 의료 213
제20장　현대에 찾아온 재앙 221
제21장　의학의 발전 231
제22장　중세와 르네상스시대의 교회와 의학 239
제23장　날씨와 생활환경 245
제24장　조산사와 산부인과의사 251
제25장　소생술과 응급처치 257
제26장　간호사의 역사 263
제27장　여성 의사 269
제28장　식이요법 275
제29장　병원의 역사 281

　　　　참고문헌 289
　　　　인명 290

제1장
원시시대에서 고대시대까지

인간은 이 땅에 태어났을 때부터 병을 고치기 위해 노력해왔다. 그렇다면 어떤 방법으로 어떻게 병을 고쳐왔을까? 환경에 어느 정도 제약이 있었지만 인간은 끊임없이 주변을 관찰하며 수많은 치료 방법을 알아냈다.

수렵채집을 하던 유목민들은 구석기시대부터 이미 약초를 사용하고 뼈가 부러진 곳을 치료했다. 주술사는 마법을 부리면서 입에서 입으로 전해진 신비한 비술을 사용해 치료해주는 의사이기도 했다.

신석기시대에는 농업과 목축이 발달해 사람들이 한곳에 모여 살았다. 이렇게 해서 사회와 종교가 생겨났으며, 제사장들은 자연스럽게 질병 치료에 필요한 지식과 힘을 신에게 물려받아 사용하는 중재자가 되었다.

하지만 인간이 한곳에 모여 살면서부터 전염병이 생겼다. 전염병이 퍼지자 사람들은 신이 분노했다고 생각했다.

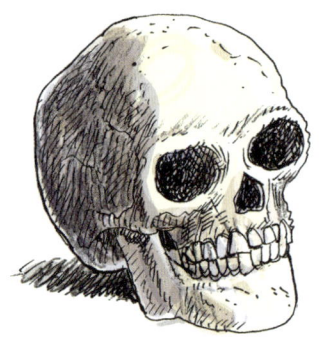

원시시대 의학

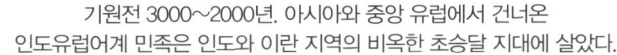

고대 중국 의학

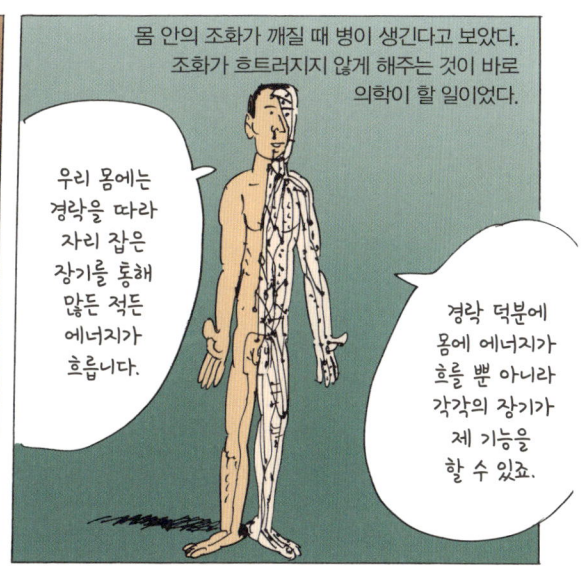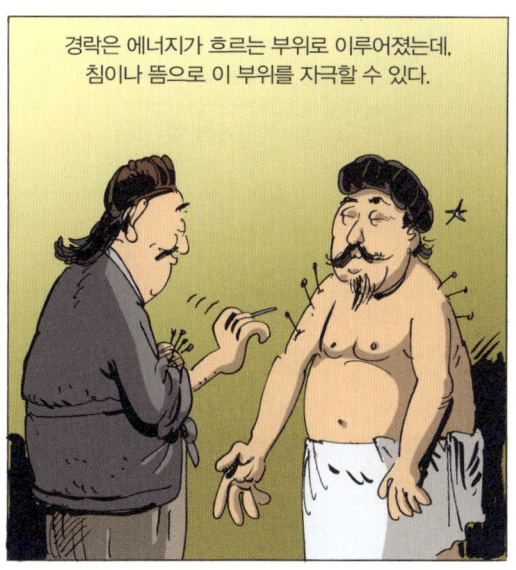

고대 그리스와 로마 의학

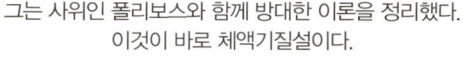

*만성 산소 부족으로 인한 이상 증상. '곤봉지'라고 하며 '히포크라테스의 손가락'이라고도 부른다.

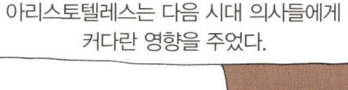

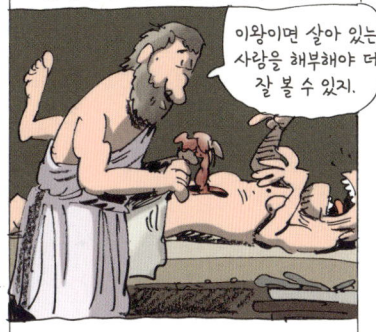

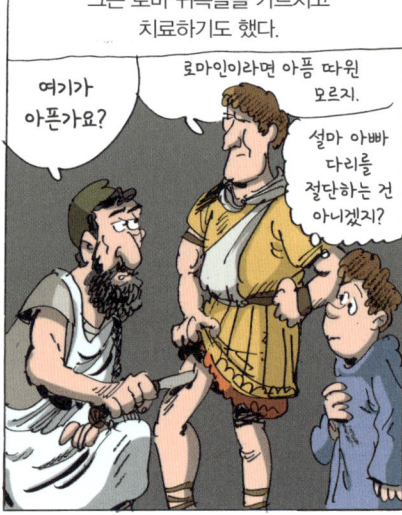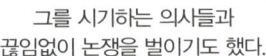

제2장
중세시대

알렉산드리아 도서관 화재로 그동안 쌓아온 지식이 일순간 사라졌다. 로마제국이 몰락하면서 발생한 사회 혼란과 곧이어 일어난 이슬람 세력의 침입도 문화를 쇠퇴시킨 원인이었다. 고대의 자료들이 없어지거나 흩어지면서 중세 초기 학식 있는 성직자들조차 그리스의 위대한 의학 연구 자료를 확인할 수 없었다. 한편, 동방의 페르시아에서는 네스토리우스교도 의사들 덕분에 치료 교육의 전통이 다음 세대에 전해질 수 있었다. 무함마드의 교리가 나타나고 아랍의 활발한 정복전쟁이 진행되면서 페르시아의 문화와 의학은 계속 뻗어나갔다. 제국 건설과 종교 및 언어 전파 덕분에 페르시아 의학은 중동과 지중해 남부 그리고 스페인에 퍼져 오랫동안 발전했다.

의학에서도 후세에까지 영향을 끼친 선구자 두 명이 영웅처럼 나타났는데, 그중 한 명이 학문의 왕으로 통하던 이븐 시나다. 이븐 시나는 아랍 세계뿐만 아니라 훗날 르네상스시대 기독교 의사들에게까지 지침이 되는 법령집을 편찬했다. 또 한 명은 앞서 살펴본 갈레노스다. 갈레노스의 백과사전 지식은 훗날 가톨릭에 참고자료로 사용되었다.

페르시아와 아랍 의학

*니케아 공의회에서 이단으로 취급받은 기독교 신자
**신의 길을 가기 위한 노력. 성전

*이슬람 국가의 종교지도자

*'세상의 보배'라는 뜻

*혈액순환의 일종인 폐순환

기독교 중심의 중세시대

1000~1300년 사이 인구가 세 배로 불어나자, 식량난과 함께 도시에 부랑자가 넘쳐났고, 심각한 전염병까지 돌아 환자도 늘어났다. 호스피스에 환자와 거지가 늘어나자 또 다른 문제가 생겼다.

거지와 절름발이가 우리 도시에 모여 살잖아. 부랑자 도시가 따로 없군.

저놈들을 최대한 도심에서 멀리 떨어진 곳에 가둬놓아야 해.

호스피스 같은 곳 말이야.

그러자 이들을 강제로 호스피스로 데려가는 사람들이 생겨났다.

오늘 저녁은 호스피스에서 자는 거야!

흥, 감옥이겠지.

1656년 4월 27일, 즉위한 지 얼마 되지 않은 루이 14세가 빈민을 수용하는 종합병원을 세운다는 칙령을 반포했는데,

그야말로 감옥이 따로 없었다.

중세 후기, 종교와 관련 없는 의사들이 살레르노 의과대학을 열며 의학은 새로운 변화를 맞이한다.

여기서는 고전을 읽고 토론하는군요.

이곳은 수도사가 아닌 스콜라 학파가 교육을 맡으며 의학철학의 중심이 된다.

토론은 기본이죠. 나는 특히 논쟁을 좋아해요.

제3장
이발사에서 외과의사까지

중세 초기 의학은 성 베네딕토의 뜻에 따라 주로 성직자가 맡았다. 하지만 가톨릭교회의 수도사들은 몸이 아닌 정신을 구원하는 활동으로 방향을 전환하며 '피가 싫다'는 입장을 분명히 밝혔다(1130년 클레르몽 공의회, 1131년 랭스 공의회, 특히 1163년 투르 공의회와 1215년 라트랑 공의회). 실제로 가톨릭교회는 의학교육을 받은 종교인들의 외과수술 행위를 금지했다.

이후 당시 유일하게 칼날을 사용할 수 있던 이발사들이 외과수술을 맡았고, 이 시대의 유명한 수술도 전부 이들이 해냈다.

이처럼 의학과 외과수술은 오랫동안 분리되었다. 의학은 학자들의 전유물이었고, 외과수술은 라틴어도 못 하고 아리스토텔레스가 누구인지도 모르는 무지한 기술 노동자의 몫이었다.

수 세기 동안 수많은 투쟁을 거친 뒤에야 이 외과의사들은 '수술하는 의사'의 지위를 얻을 수 있었다.

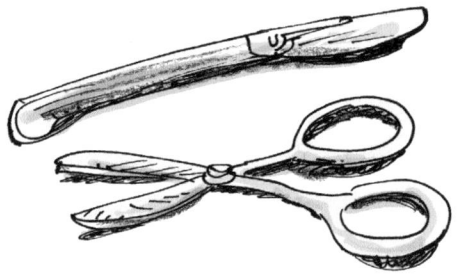

외과의사가 된 이발사

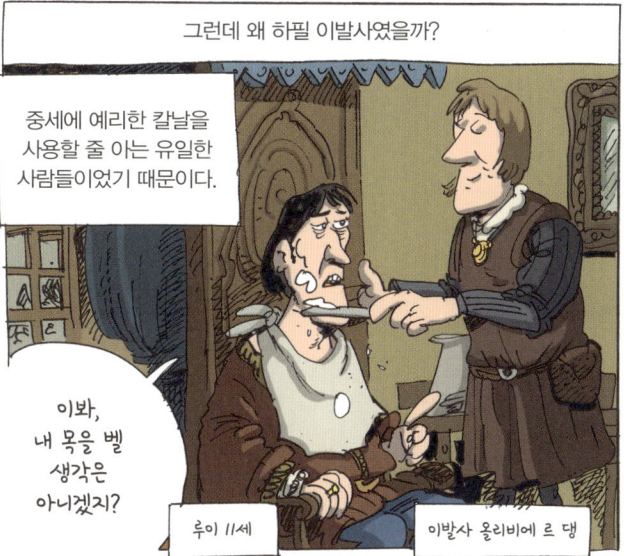

*0.5L

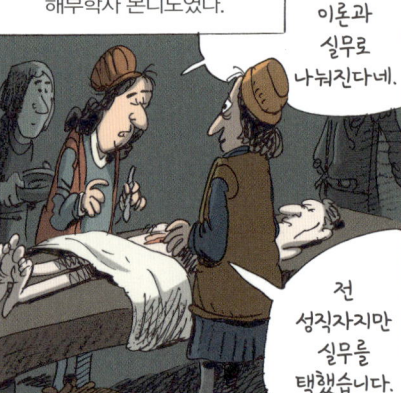

펠릭스와 루이 14세의 치질

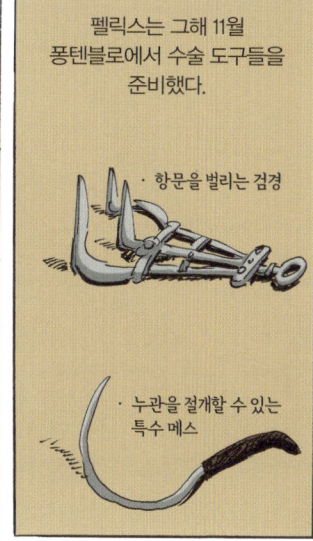

*루이 14세의 수석 이발사

제4장
전염병

신석기시대부터 인간이 모여 살면서 전염병이 등장했다. 제대로 된 진단이나 효과적인 치료법도 없었으며, 전염이라는 개념조차 생소했다(오랫동안 발진 전염병은 종류에 관계없이 모두 '흑사병'이라 불렸다). 그 결과 수 세기 동안 전염병으로 수많은 사람이 목숨을 잃었다.

18세기 영국의 의학자 에드워드 제너, 19세기 프랑스의 미생물학자 파스퇴르, 그리고 독일의 미생물학자 로베르트 코흐의 등장으로 마침내 전염병을 고치는 효과적인 치료가 시작되었다.

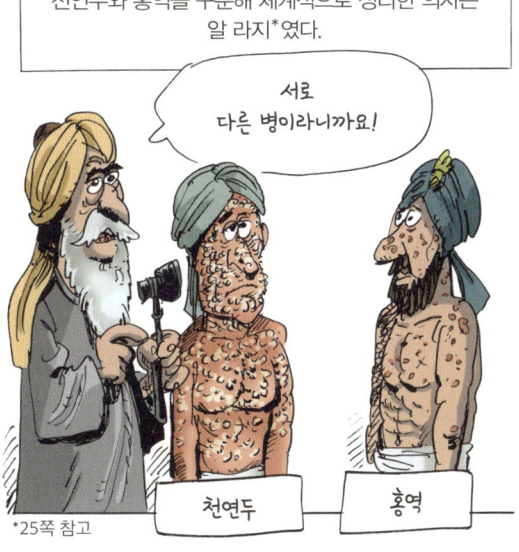

*'vaccination'은 '암소'를 뜻하는 라틴어 'vacca'에서 나왔다.

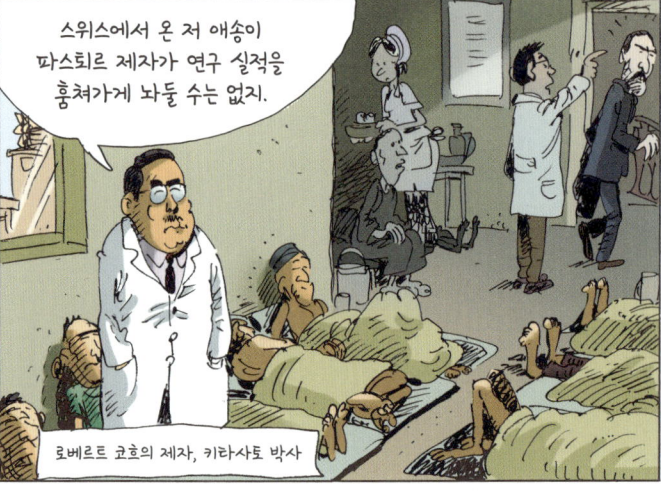

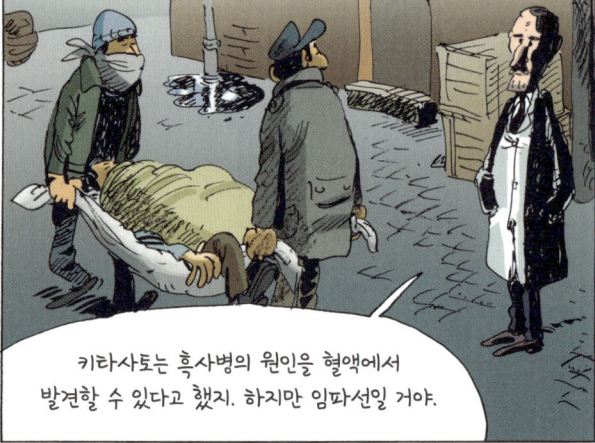
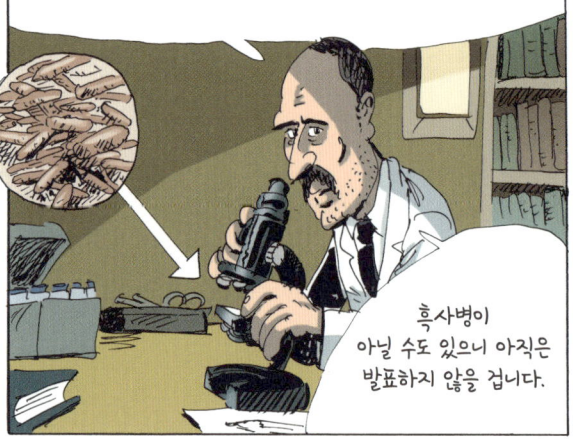
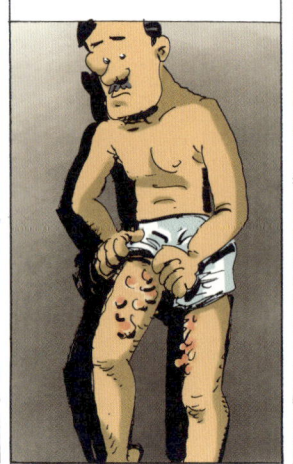

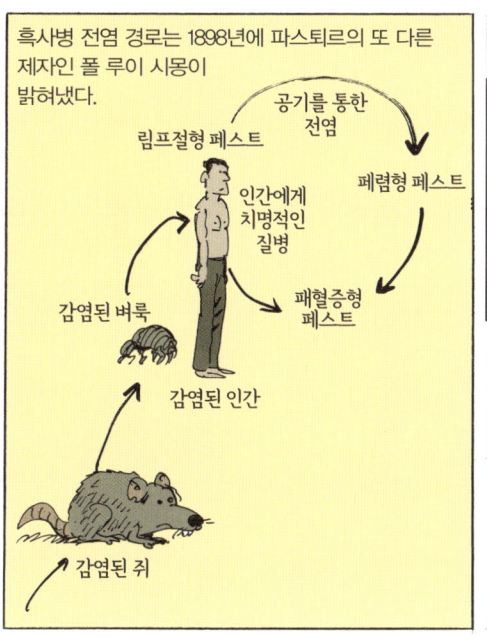

콜레라

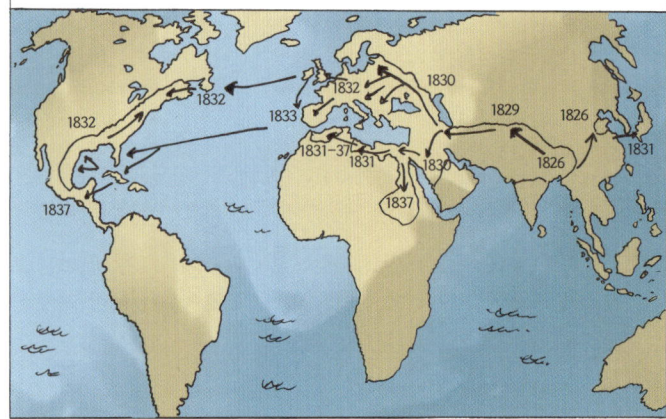

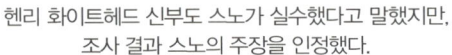

*당시는 '미생물'을 몰랐던 시절이다.

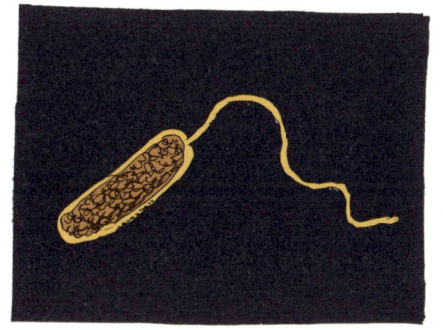

*병원균을 죽여서 만든 백신

매독

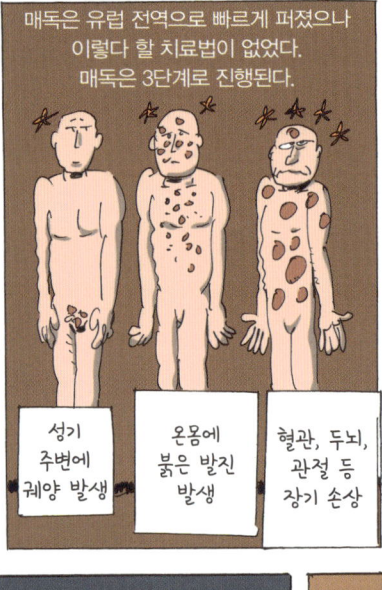

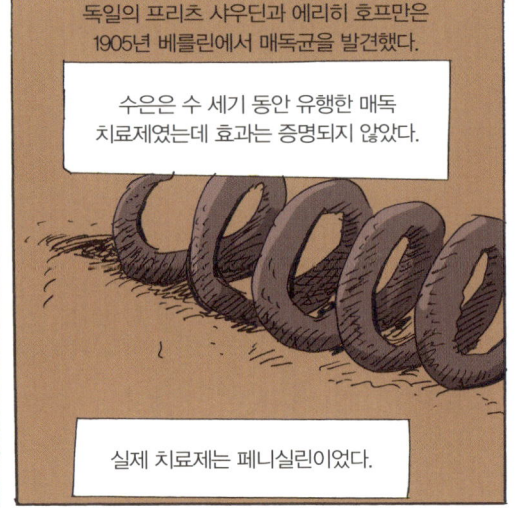

나병

나병은 1873년 노르웨이의 한센이 발견한 세균성 질병으로, 열대지방 풍토병이며 전염성은 약하다.

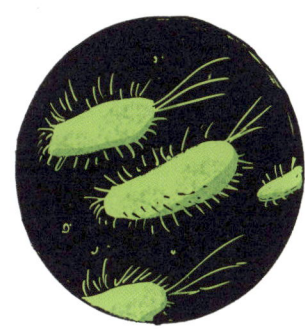

나병균

제가 나병균을 발견하기 전에는 나병을 유전병이거나 나쁜 공기로 전염되는 병이라고 했죠.

나이서에게 세균 샘플을 맡겼는데, 그 망할 놈이 제 성과를 가로챘습니다.

나병은 성서시대부터 죽음의 낙인으로 여겨진 불길한 병이었다.

죽음의 표시가 새겨져 있어. 불경해.

천벌이야. 수용소에 격리해야 해.

이미 죽은 사람이나 다름없어!

나병 환자는 더럽다는 이유로 외면을 받았다. 이들은 낮에 구걸할 때만 마을을 돌아다녔고, 밤에는 수용소에 모여 살았다.

땡땡

옷으로 전신을 가리고 방울소리로 저의 존재를 알려야 해요.

십자군전쟁 이후 나병은 서양에도 퍼졌다.

'나병왕'으로 불리던 예루살렘의 국왕 보두앵 4세는

나병 탓에 살라딘을 막지 못했고 24세의 나이로 세상을 떠났다.

세계보건기구에 따르면 지금도 전 세계에 30만 명의 나병 환자가 있다.

항생제 세 개를 함께 쓰면 한센균에 효과가 있어요.

제5장
혈액순환

르네상스시대는 무시무시한 종교재판을 비롯해 가톨릭교회의 교리에 의문을 갖는 때였다. 가톨릭교회는 공식적으로 시체 해부와 갈레노스 이론에 대한 도전을 금기했다.

의사들은 이 두 가지 금기에 도전하며 투쟁했고 이 과정에서 마침내 중요한 발전을 이룩했다. 인체 구조를 명확히 밝혀낸 것이다.

인체에 대한 이해를 바탕으로 심장의 역할과 혈액순환의 개념도 밝혀졌다.

이 모든 일은 종교 갈등과 인간의 비극, 학문 표절, 학문에 대한 열정과 투쟁 속에서 이루어졌다.

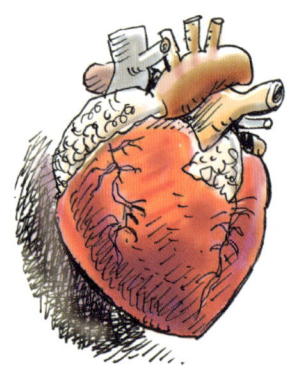

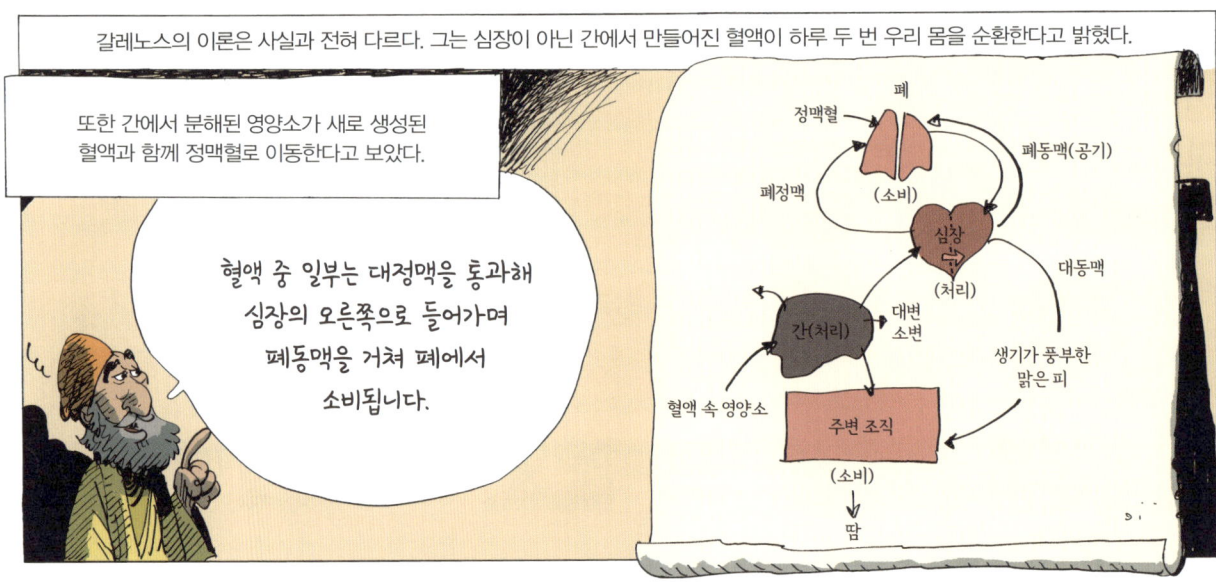

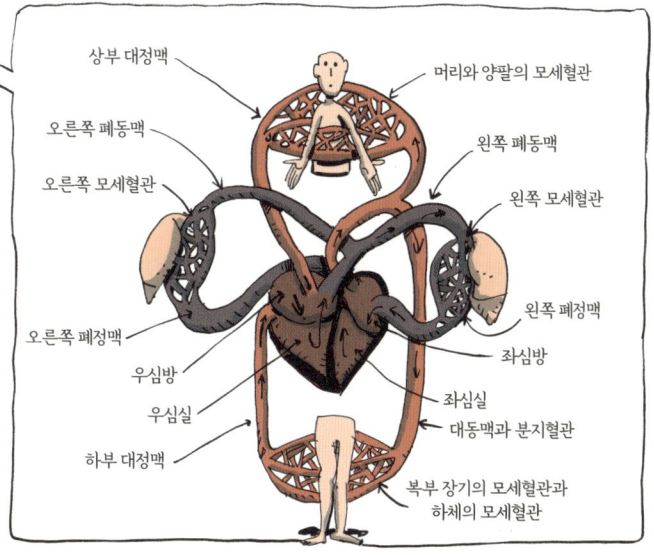

인체를 탐구한 베살리우스

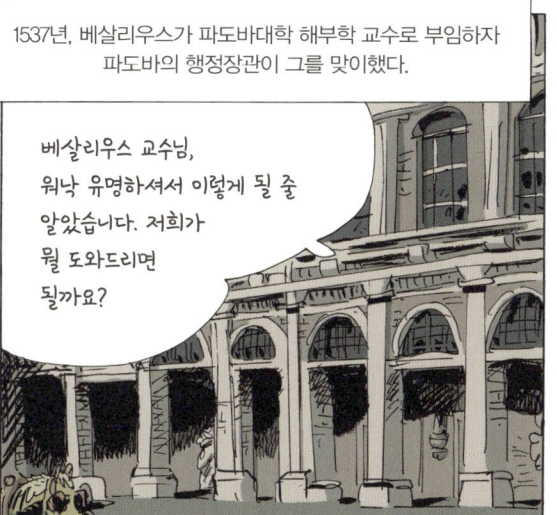

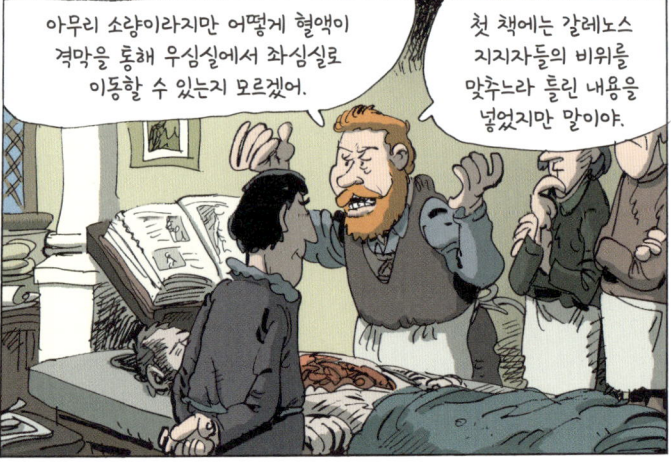

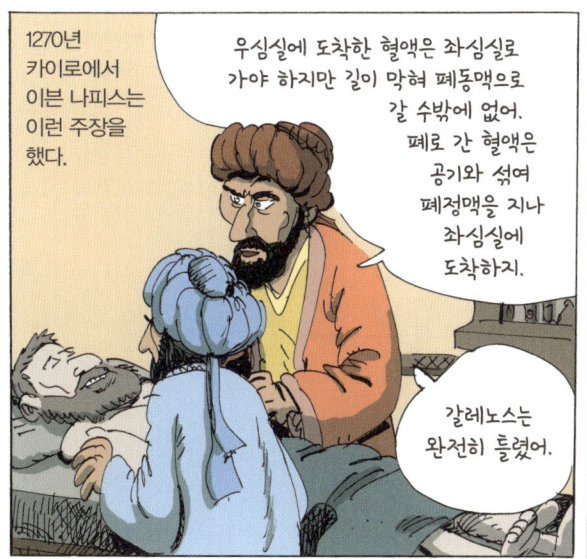

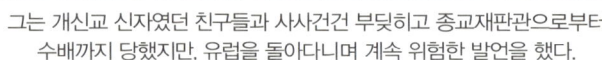

혈액순환을 발견한 윌리엄 하비

베살리우스가 황제의 주치의로 떠나자 파도바대학에서는 그의 해부 조수 리알도 콜롬보를 후임 교수로 임명했다.

- 이제 콜롬보가 저 대신 강의를 합니다.
- 교수님의 가르침에 어긋남이 없도록 하겠습니다.
- 베살리우스처럼 꼬장꼬장하지 않았으면 좋겠는데…

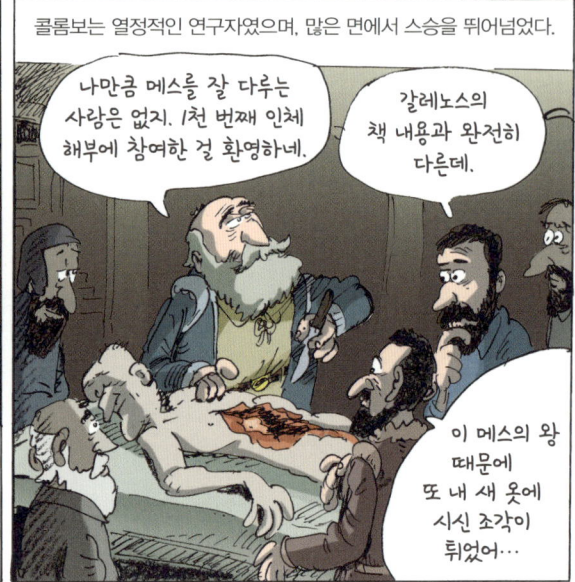

콜롬보는 열정적인 연구자였으며, 많은 면에서 스승을 뛰어넘었다.

- 나만큼 메스를 잘 다루는 사람은 없지. 1천 번째 인체 해부에 참여한 걸 환영하네.
- 갈레노스의 책 내용과 완전히 다른데.
- 이 메스의 왕 때문에 또 내 새 옷에 시신 조각이 튀었어…

콜롬보의 해부학 책은 그가 세상을 떠난 1559년에야 나왔다. 세르베투스의 책보다 6년 뒤, 베살리우스의 책보다 4년 뒤에 나온 셈이다.

- 베살리우스의 책도 나쁘지 않지만 내 책이 훨씬 낫지.
- 베로네세의 삽화도 들어갔고 말이야…

콜롬보는 폐순환을 완벽히 묘사했지만 갈레노스처럼 심장과 간의 역할은 잘못 파악했으며,

- 폐동맥의 역할을 제대로 파악하려고 살아 있는 개를 해부하기도 했다.
- 피곤한 양반일세!

피사로 발령을 받은 콜롬보는 안드레아 체살피노를 제자로 두었다.

- 내가 혈액순환에 대해 최초로 이야기했지. 동맥과 정맥 사이에 모세혈관이 있다고 생각한 최초의 인물이라고! 평범한 철학가 수준이 아냐!

1527년과 1541년 사이, 파도바대학에서 공부하던 안드레아 알파고의 조카 파올로는 베살리우스, 콜롬보, 그리고 논문을 위해 파도바대학에 와 있던 세르베투스 등 그의 스승들에게 이븐 나피스의 책을 소개했다. 이는 소순환 이론과 관련해 중요한 사건이었다.

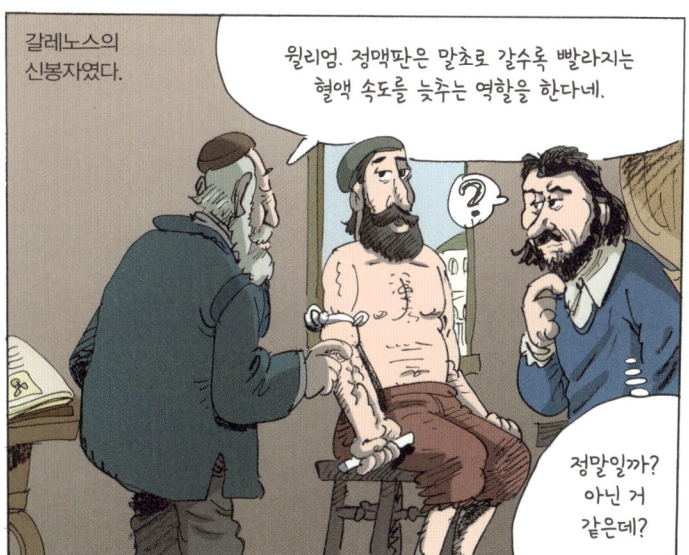

제6장
의학 기구

의학은 어떤 학문보다 기구가 많이 필요한 분야다. 진단을 내리고 경도를 파악하고 눈으로는 볼 수 없는 부분을 확인하며 치료하는 모든 과정에 의학 장비가 사용된다.

다양한 기구의 발명과 함께 의학 지식은 더욱 깊어졌다. 예를 들어 현미경 덕분에 맨눈으로 보지 못하는 세포 구조를 파악할 수 있었고, 청진기 덕분에 심장과 폐의 소리를 듣고 질병을 설명하고 분류하는 게 가능해졌다.

열정적인 실험가들이 우연한 발견을 계기로 새로운 기구를 속속 발명하면서 의학은 조금씩 앞으로 나아가게 된다.

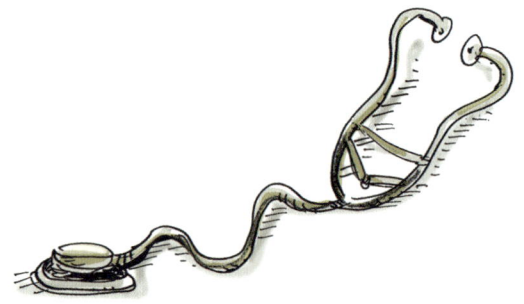

시간 측정

청진기 발명

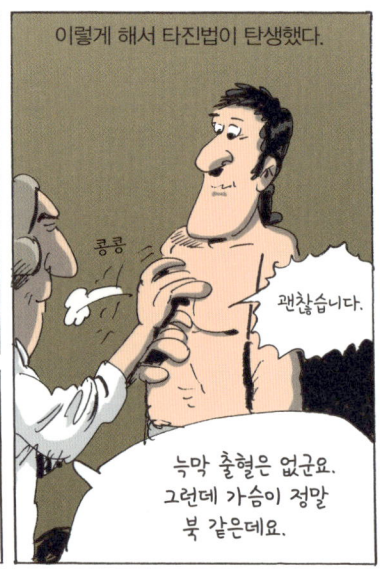

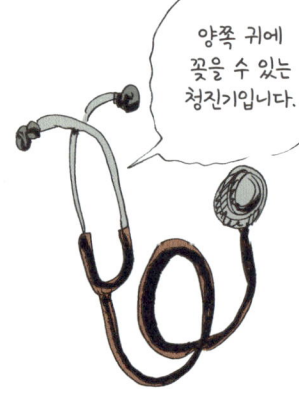

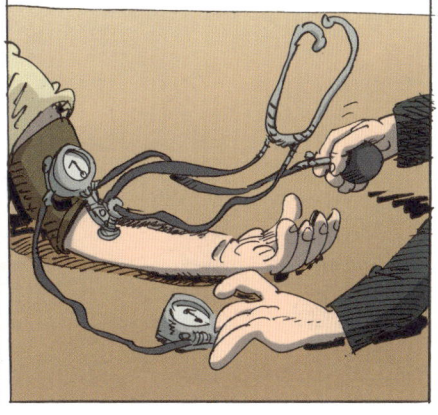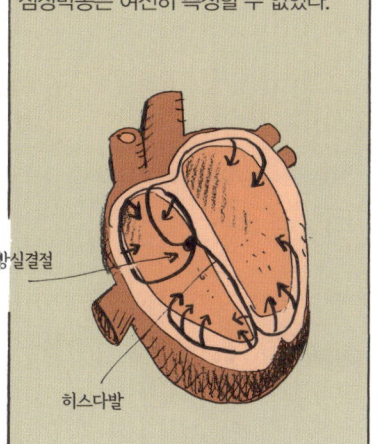

현미경 발명

현미경 관찰에 푹 빠진 레벤후크는 장사를 그만두었다.

먹고사는 건 소일거리로 충분해. 나머지 시간은 관찰에 집중하겠어.

레벤후크의 이름이 점점 알려지자 유명인사들이 그를 찾아왔는데, 그중에는 러시아 황제 피에르도 있었다.

미래의 러시아를 위해 꼭 필요한 발명품이군!

레벤후크는 요하네스 페르메이르*와 매우 친해 그림의 모델이 되어주기도 했다.

〈천문학자〉와 〈지리학자〉를 그렸을 때 레벤후크에게 영감을 받았죠.

저기서 학자로 분장해 모델을 섰답니다!

그 친구는 언제나 공상에 잠긴 표정이었어요.

이후 발명된 광학현미경은 레벤후크의 현미경(400배율)보다 배율이 좀 더 좋아진 것뿐이다.

18세기에 들어와 존 돌런드는 10배 확대만 가능하던 얀센의 광학현미경을 크게 개선했다.

1932년, 독일의 에른스트 루스카는 1만 2천 배나 확대할 수 있는 전자현미경을 개발했다.

전자총
전자빔
집광기
집속 렌즈
영상 전송

비로소 바이러스를 육안으로 볼 수 있었습니다. 하지만 원자 수준의 내부는 여전히 알 수 없었죠.

이를 가능하게 한 사람이 비니히와 로러입니다. 두 사람이 '주사 터널링' 현미경을 발명한 덕분에 DNA의 원자 구조를 파악할 수 있었죠.

에른스트 루스카

우리는 1986년에 함께 노벨물리학상을 받았습니다. 제 나이 85세였죠!

*〈진주 귀고리를 한 소녀〉로 유명한 네덜란드 화가.

X선

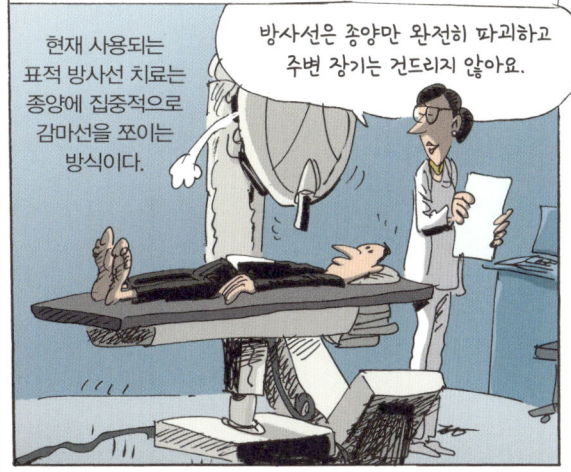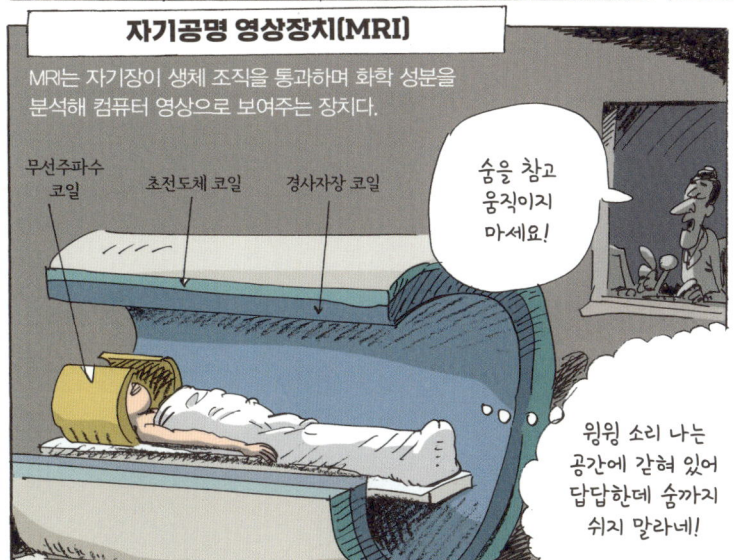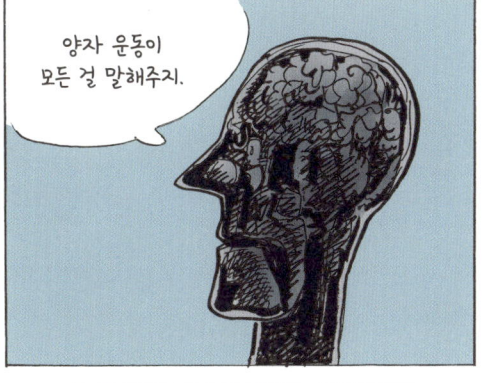

초음파

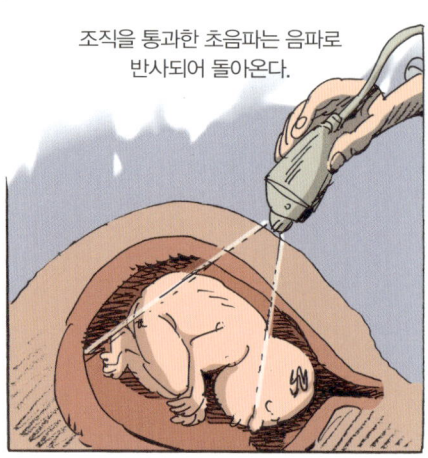
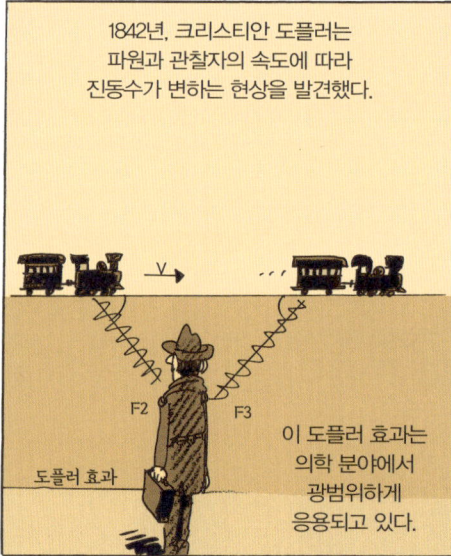
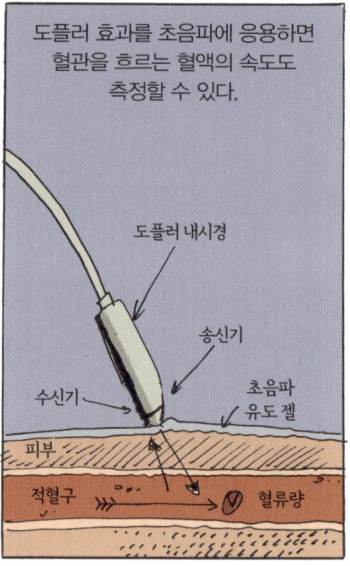
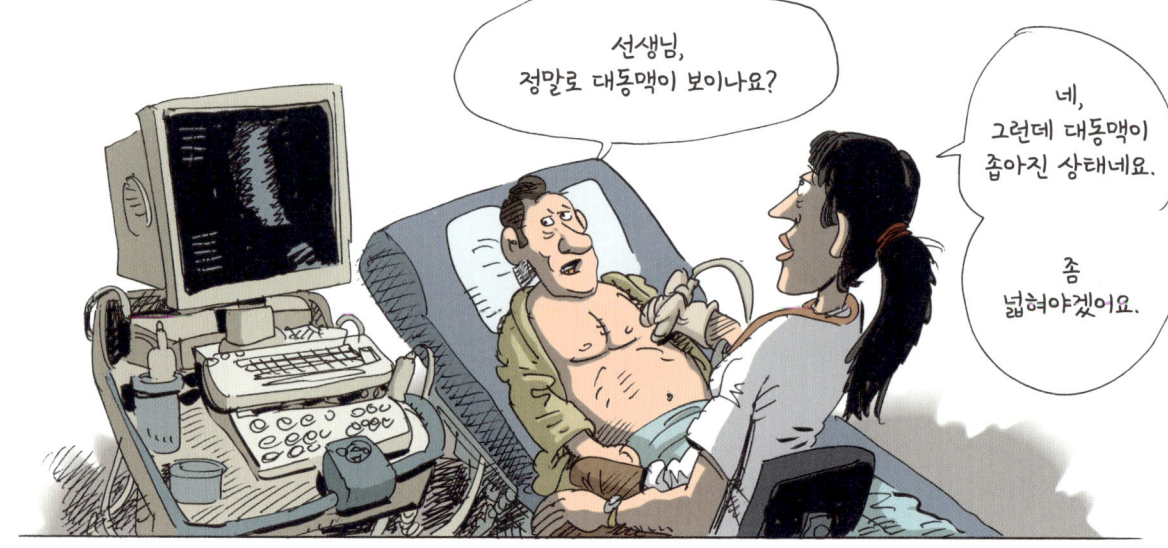

제7장
근대 의학

빛의 시대가 가고 혁명의 시대가 밝았다.
언제나 그래왔듯이 프랑스에서는 여러 가지 사건 사고가 의사의 권위를 짓밟고 위협했다. 의학이 19세기 초의 모습을 갖추기까지, 의사들은 프랑스의 혁명 정부와 나폴레옹 제국 아래서 자신을 드러내며 계속해서 병원을 개편해나갔다.
근대 의학의 세 가지 혁명인 '마취' '백신' 그리고 '실험 의학'은 이 분야를 바꾸는 데 크게 기여하게 된다.

*'응급의학의 아버지'로 불린다.

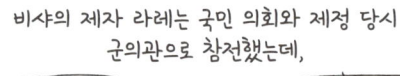

제8장
마취법의 발견

인간을 고통에서 벗어나게 한 가장 획기적인 사건은 바로 마취법의 발견이다. 나폴레옹의 정복 전쟁 당시 의사들은 여전히 부상병을 마취 없이 의식이 있는 상태에서 절단했으며, 환자들에게 입에 파이프를 물게 하고 절단한다는 말을 수차례 반복했다. 어떤 환자는 끔찍한 고통과 정신적 충격을 견디지 못하고 파이프를 그대로 떨군 채 사망하기도 했다. 그러나 다행히도 오늘날에는 더 이상 이런 말을 반복할 필요가 없어졌다.

마취법이라는 이 위대한 발견은 한 치과의사의 주말 나들이에서 우연히 시작되었다. 의학의 역사에서 이루어지는 발견이 종종 그러했던 것처럼 말이다.

빅토리아 여왕도 자신의 의도와 상관없이 이 놀라운 진보에서 중요한 자리를 차지하고 있다.

마취법

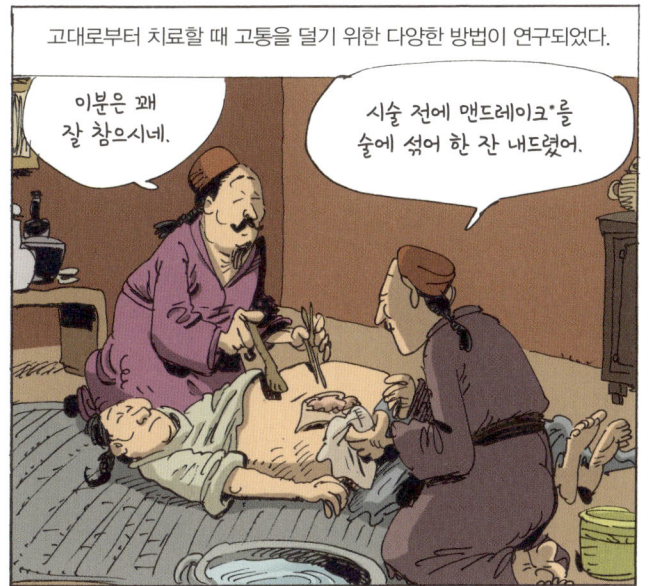

*마취에 효과가 있는 약초

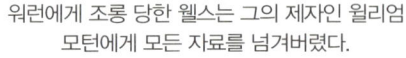

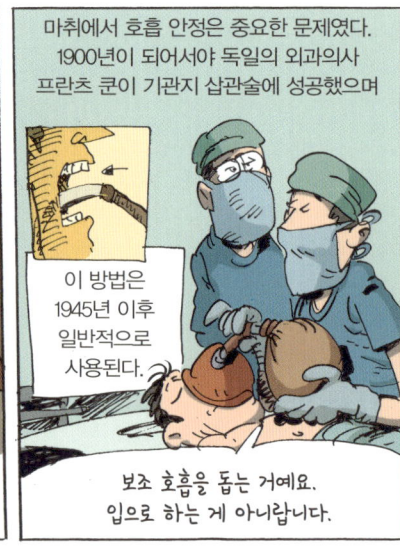
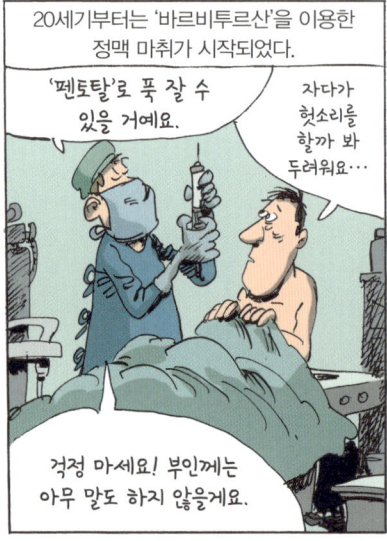

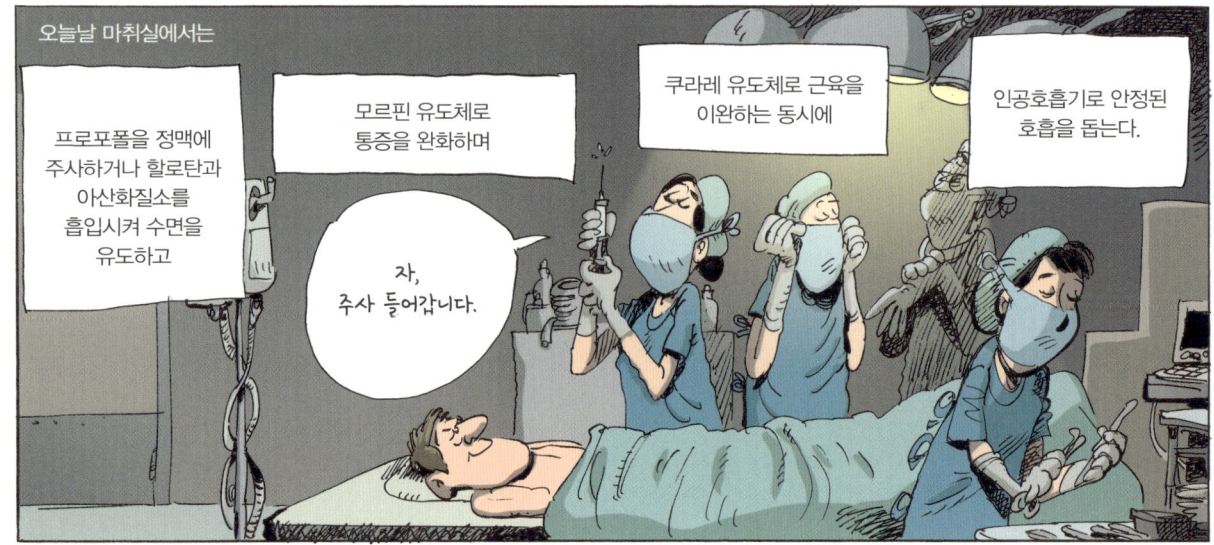

제9장
감염과의 전쟁

세균을 발견한 코흐와 멸균과 백신을 개발한 파스퇴르는 19세기 의학 역사에 빼놓을 수 없는 인물이다. 이 미생물학자들의 업적은 의학의 역사에 한 획을 그었다.

뛰어난 과학자들의 놀라운 발견은 모든 희생을 감수할 만큼 연구에 흔들리지 않는 확신이 있었기 때문에 가능했다. 광견병을 연구했던 루 박사와 그의 동료들은 작업대에 장전된 권총을 두고 실험을 계속해나갔다. 미친개에 물릴 경우 끔찍한 고통이 덮치기 전에 서로를 돕기 위해서였다.

의학의 역사에서 위대한 의사들이 발휘한 용기를 함께 살펴보자.

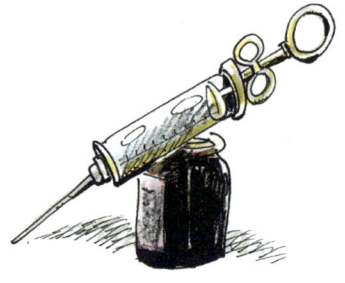

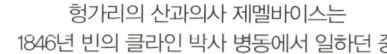

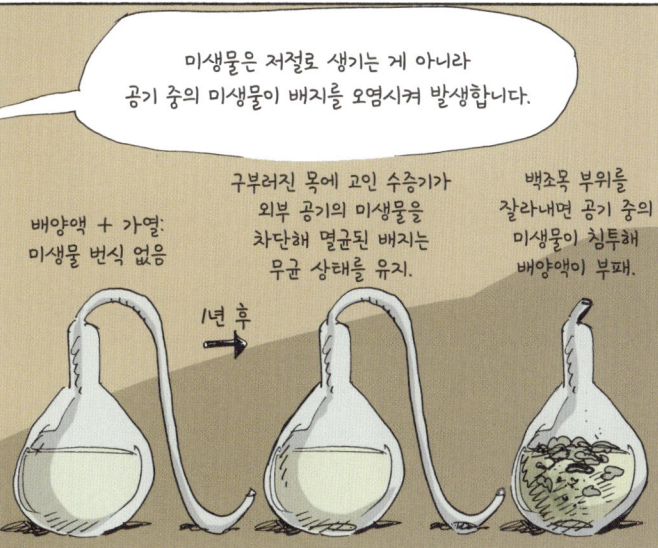

*42쪽 참고

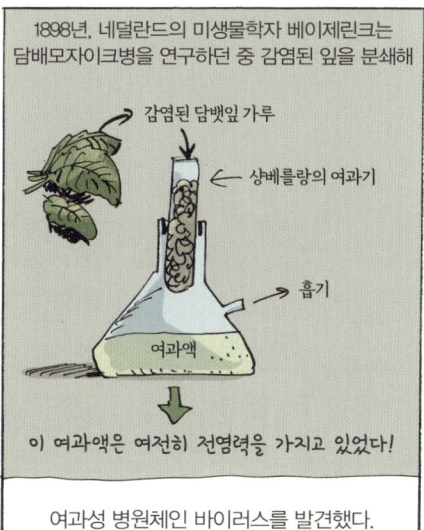

*질그릇으로 만든 여과기 개발로 바이러스학의 기초를 세웠다.

비타민의 발견

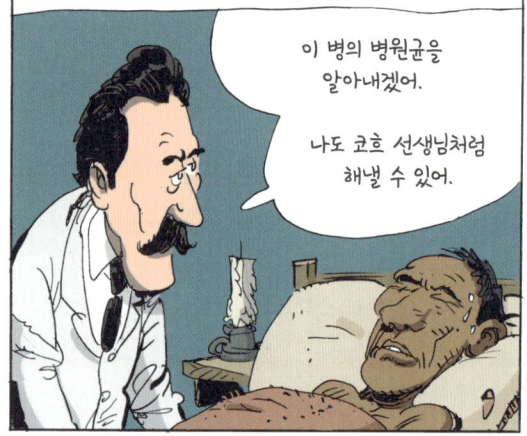

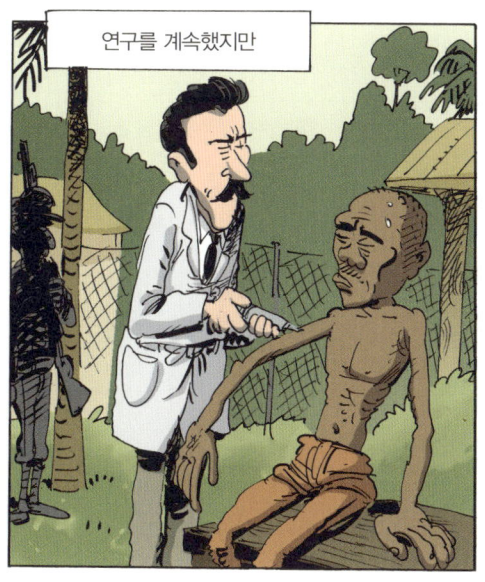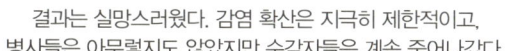

제10장
실험 의학

19세기의 마지막 혁명은 프랑수아 마장디로부터 시작해 그의 제자 클로드 베르나르가 꽃피운 실험 의학이다. 실험 의학의 목표는 적합한 검사와 채혈 결과로 질병을 진단하는 것이었다. 이 위대한 선구자들은 의학을 단지 책으로 배우는 데 만족하지 않고 실험과 임상 연구를 통해 문제를 풀어가고자 했다.

실험 의학이 시작될 당시 의사들은 대부분 과학적인 방법을 무시하거나 경멸했다. 그러나 실험 의학이 등장하면서 근대 의학이 발전했으며, 의학의 역사에서 중요한 전환점이 되었다.

*정맥과 동맥에 연결된 매우 가느다란 혈관을 감싸는 근육
**벨-마장디 법칙

*93쪽 참고

제11장
소아 의학

오랫동안 아기는 의학의 혜택을 받지 못했다. 유아 사망률이 손쓰기 어려울 정도로 높았던 시절, 아기가 살아남는 것은 오직 신이 결정할 수 있는 일이었다. 몽테뉴는 "두세 명의 젖먹이 아기를 잃었다. 슬프지만 화가 나지는 않는다"라고 말했다. 그 시대에 모든 일은 운명에 달려 있었다.

프랑스 사상가 장 자크 루소의 영향으로 18세기가 되어서야 생활환경이 조금씩 개선됐으며, 유아기와 아동기를 이해가 필요한 인생의 한 부분으로 간주하기 시작했다. 그러면서 의사도 비로소 이 작은 인간에게 관심을 기울이기 시작했다. 그러나 '소아과'라는 단어는 1907년이 되어서야 프랑스의 대표 백과사전인 《라루스 사전》에 등재됐다.

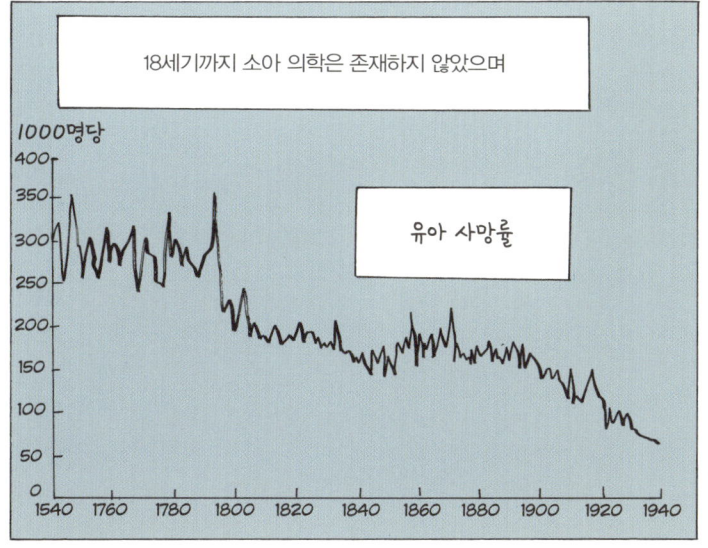

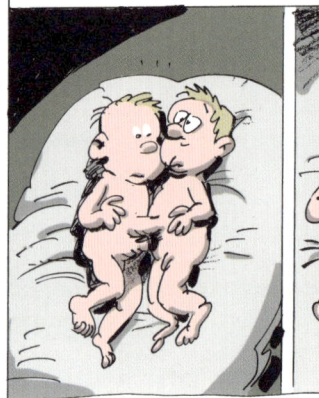

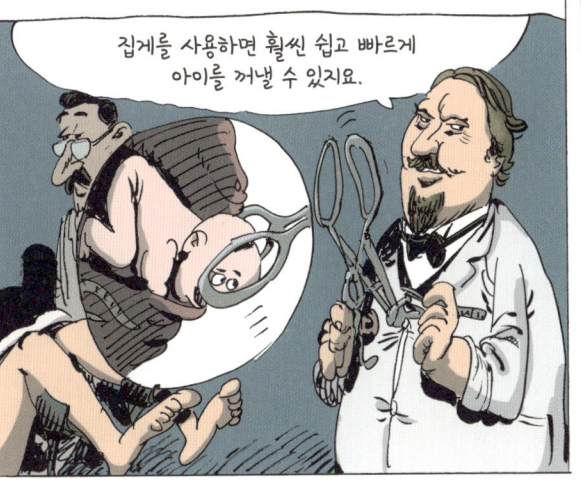

이것은 매일 요오드를 함유한 좋은 공기를 마시게 하려 아이들을 베르크 해변으로 데려가는 '미망인 마리안'의 이야기로 거슬러 올라간다.

좋은 공기가 허약한 애들에게 좋지 않을까 해서요.

몽트뢰유 쉬르 메르 마을의 페로쇼 박사는 좋은 결과에 놀라 결핵으로 고통받는 여덟 명의 아이들을 보내 치료하기로 했다.

마리안은 아이들을 당나귀 수레에 태워 매일 바닷가를 돌았다.

1861년, 페로쇼는 파리의 공공 위생 관리자를 설득해 해변 근처에 목조 병원을 지었다. 결핵에 걸린 아이들을 위한 요양병원이 탄생한 것이다.

그리고 1869년에 병상 500개를 갖춘 나폴레옹 병원이 신설된다.

결핵이 빈번하게 척추에 발생하자 나폴레옹 병원은 포트병을 전문적으로 치료하기 시작했다.

척추결핵은 척주후만증을 발생시켜 정형외과 진료를 해야 했다.

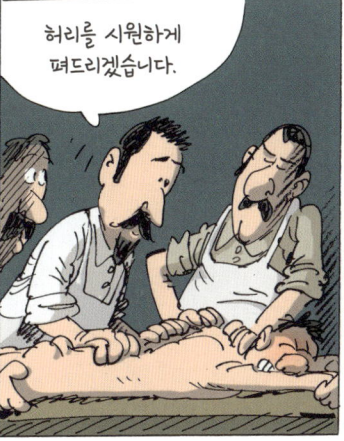

석고 코르셋은 척주후만증의 유일한 치료법이었다.

이번 석고는 캐롯 박사가 준비했습니다. 편안하신가요?

이게 편해 보여요?

더 나아가 캐롯은 마취 후 허리뼈를 복원하는 수술로 크게 성공했으며

허리를 시원하게 펴드리겠습니다.

그에게 수술을 받기 위해 전 세계 환자들이 베르크에 모여들었다.

그러나 안타깝게도 몇 차례 수술 실패가 있었어요.

그래서 이제는 교정술로만 치료하고 있지요.

알맞은 석고 코르셋과 베르크의 좋은 공기로 충분합니다.

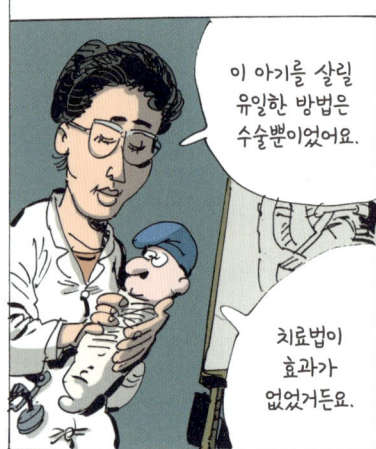

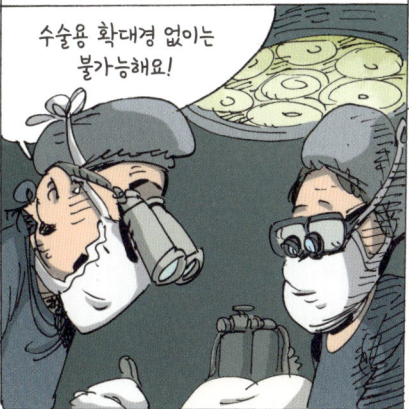

제12장
뇌 질환의 발견

이전 세대 철학자들과 마찬가지로 데카르트는 정신을 뇌와 다른 비물질적인 존재라고 여겼다. 그러나 그로부터 두 세기 후 르낭은 간이 담즙을 생산하는 것처럼 뇌가 생각을 만들어낸다고 주장했다.

이러한 이중적인 성격 탓에 뇌 질환 연구는 신경과학과 정신의학 사이에서 진행돼왔다. 신경과학은 합리적인 방법으로 육체의 이상 현상을 풀어내는 한편, 정신의학은 형이상학적인 차원에서 정신착란에 접근했다. 그러나 최신 정신의학에서는 정신에 이상이 발생할 경우 신체 기능 장애의 가능성 또한 고려하고 있다. 지식의 발달로 신경전달물질의 변화가 정신질환과 관련 있다는 사실이 밝혀졌다. 미래의 정신의학에서는 단지 호르몬과 뇌 활동의 이상 현상으로 모든 문제를 설명하게 될지도 모른다.

정신의학과 마음의 병

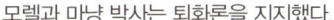

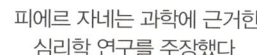

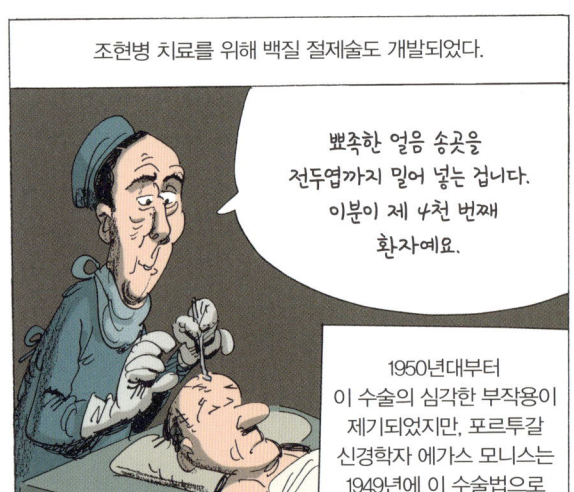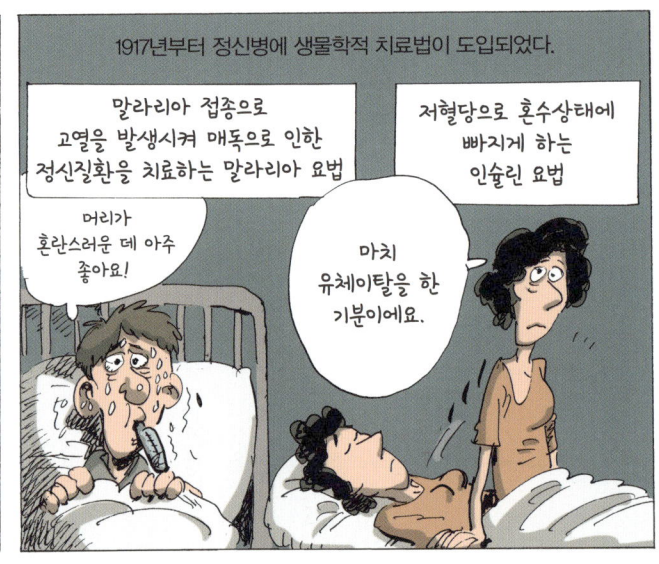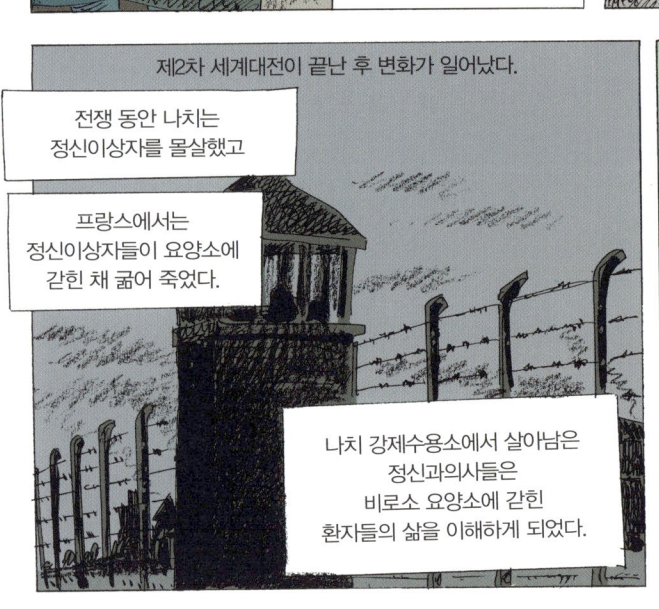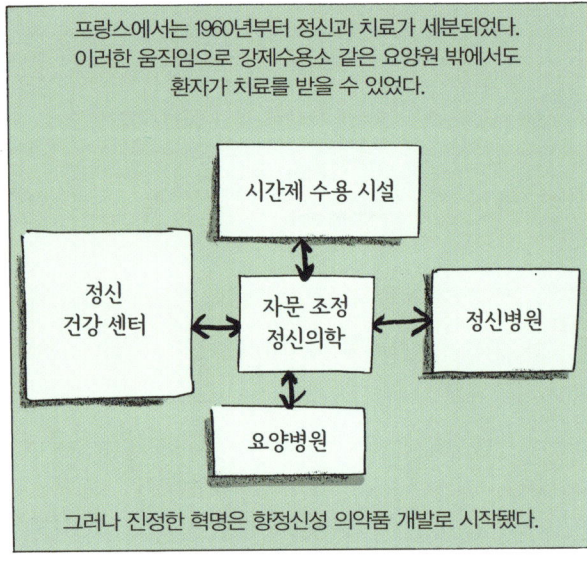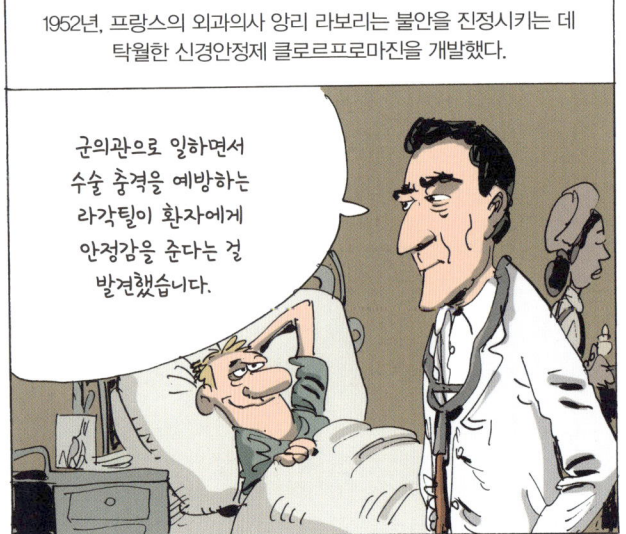

두뇌의 발견

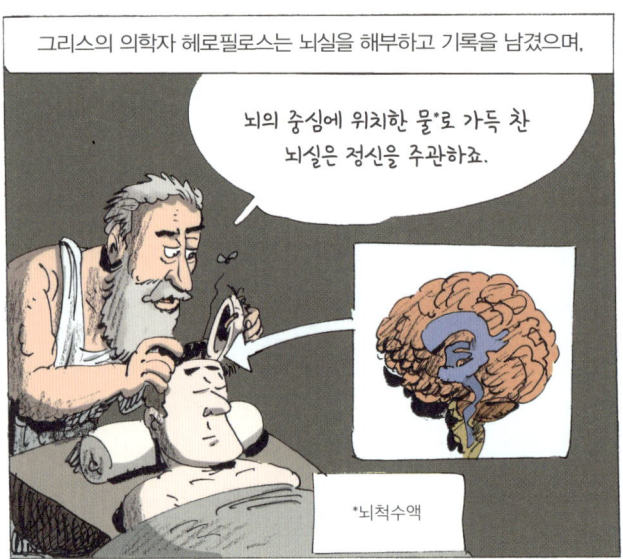

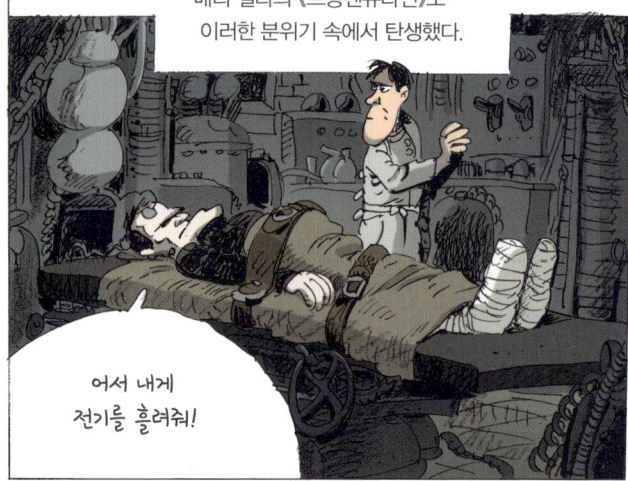

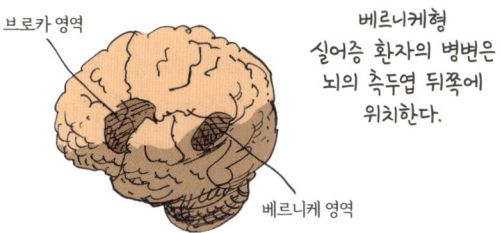

*113쪽, 207쪽 참고

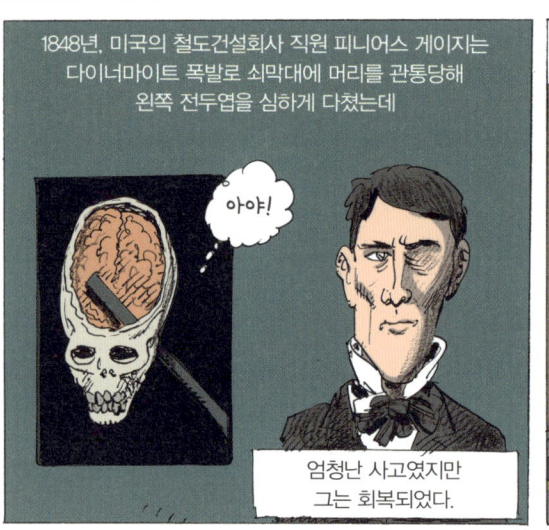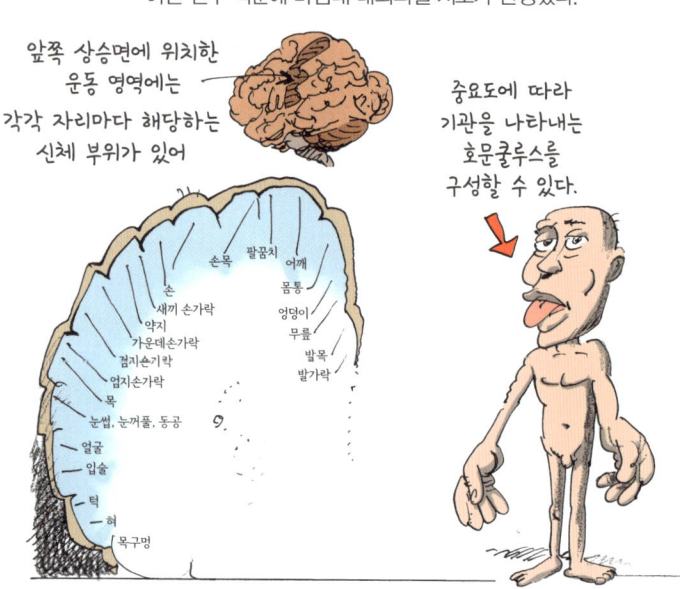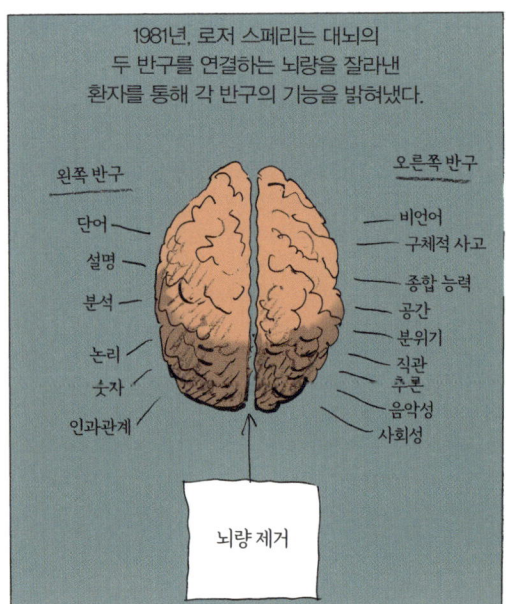

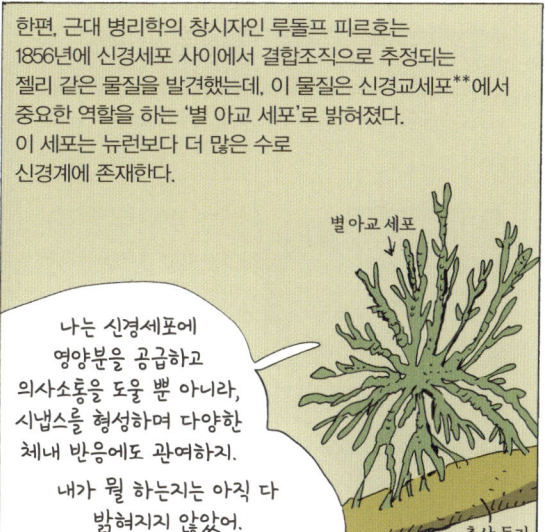
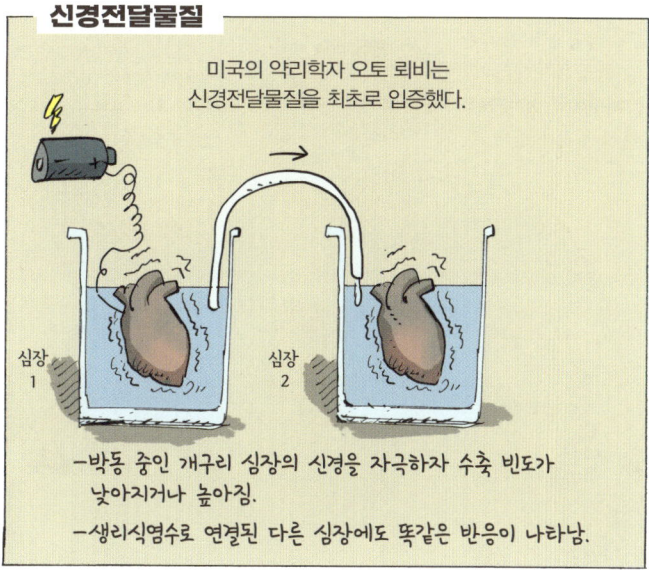

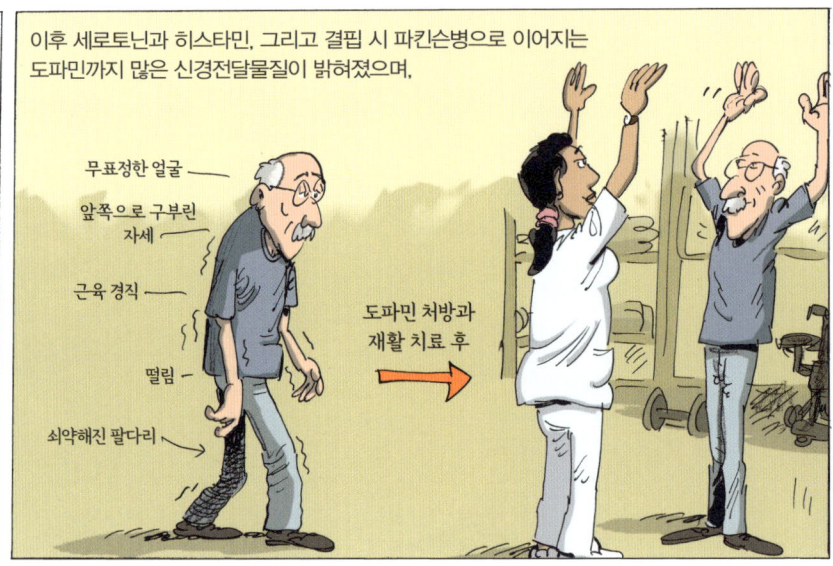

수술과 영상기술의 발달

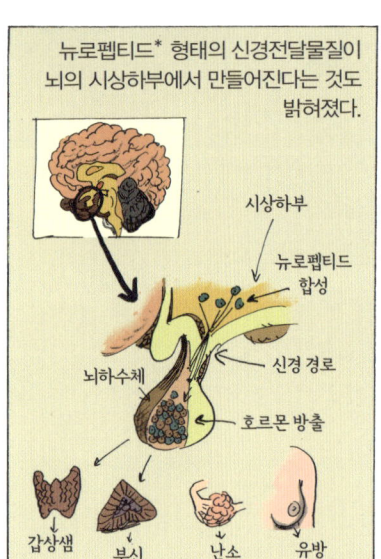

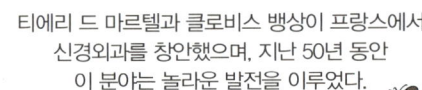
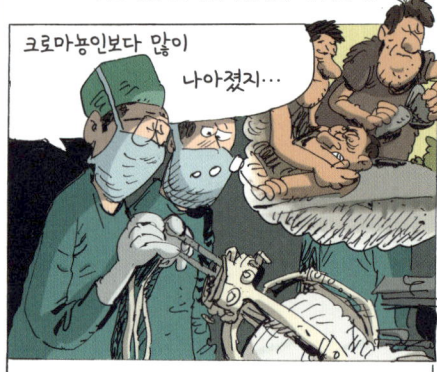
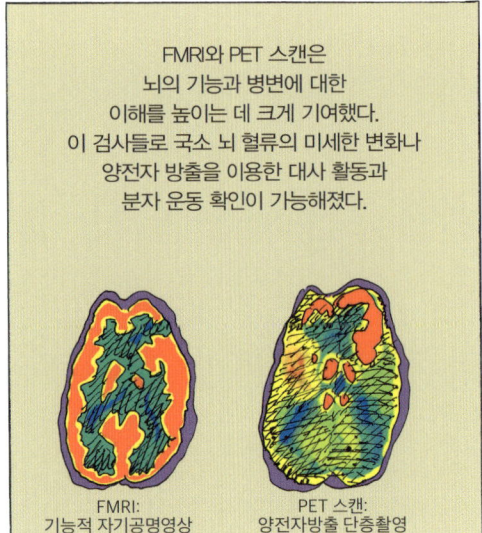
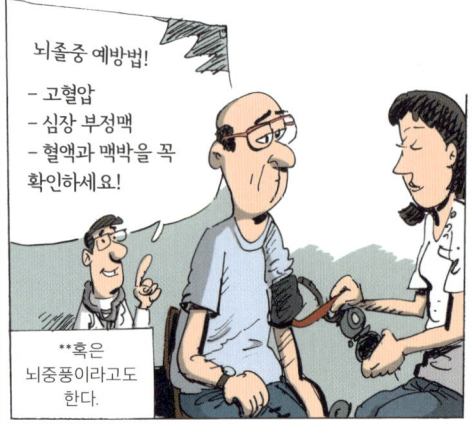

*신경계에서 발견되는 모든 펩티드의 총칭

제13장
안과학

눈은 신비로운 기관이다. 예부터 사람들은 시력을 잃는 것을 가장 안타까워했다. 루이 9세는 십자군전쟁 이후 아랍 제국에서 본 것을 바탕으로 파리의 성 오노레 문 바깥쪽에 파리의 가난한 맹인 300명을 위한 캥즈뱅 병원을 설립했다. 이 병원이 문을 연 뒤 프랑스 왕실의 상징인 백합이 그려진 병원복을 입고 구걸하는 맹인이 등장했다. 이들을 보살피는 데 필요한 비용은 모두 나라에서 지급했으며, 왕의 사제에게 무료로 보살핌을 받는 대신 맹인들은 왕과 왕비의 평화를 위해 매일 기도할 의무가 있었다. 그들은 서로서로 자비를 베풀었던 것이다.

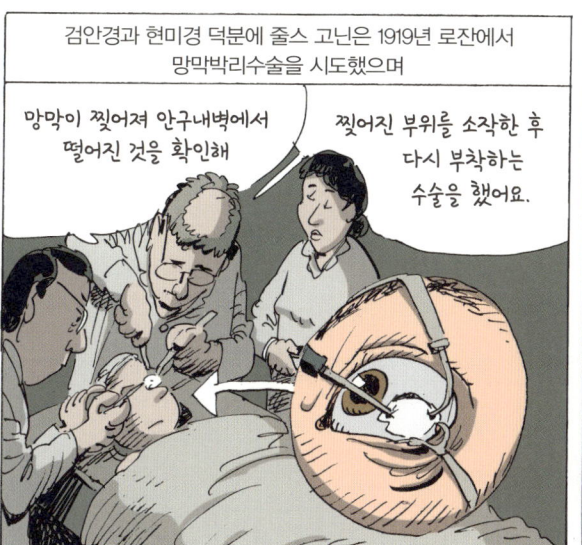
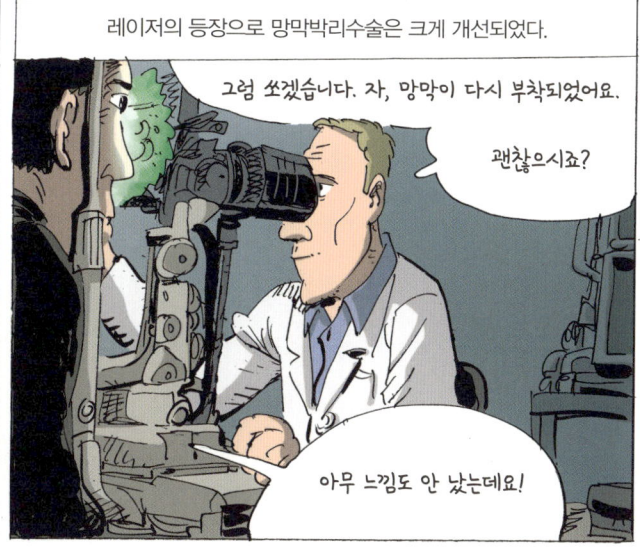
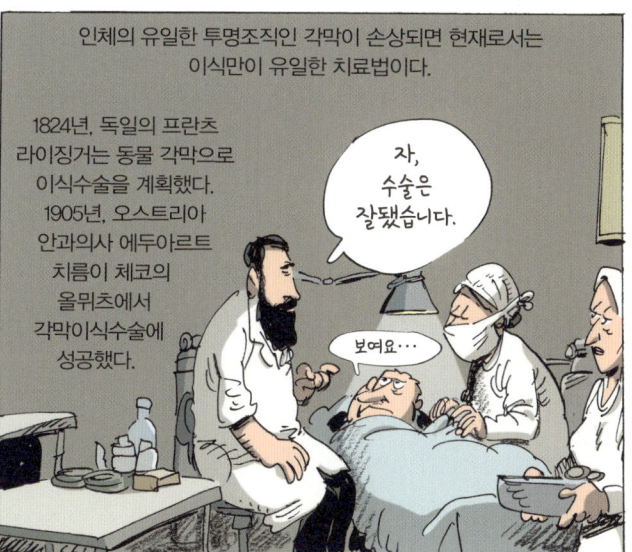

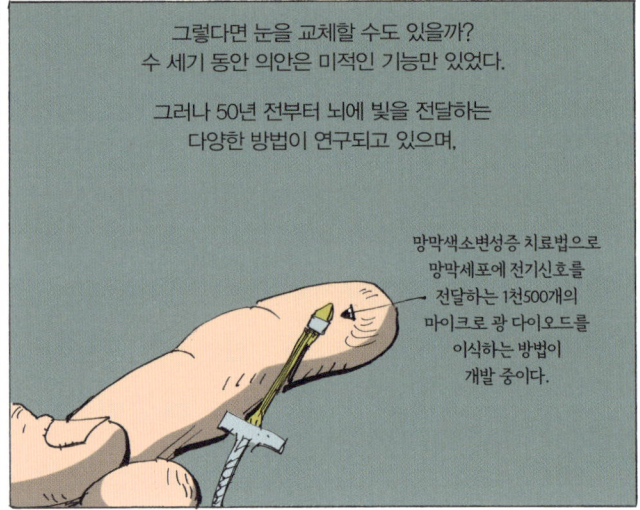
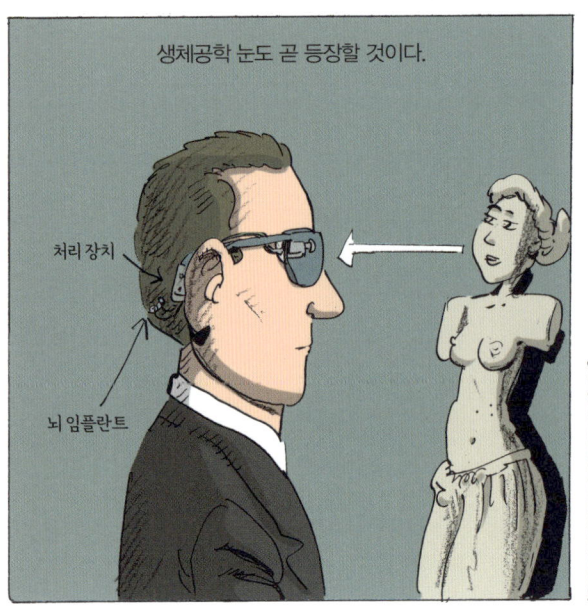

제14장
세포병리학과 유전학의 출발

세포가 생명체를 구성하는 매우 작은 기본 단위라는 사실이 밝혀지기까지 많은 시간과 현미경 렌즈가 필요했다.

19세기에 접어들어 독일의 루돌프 피르호는 모든 세포가 또 다른 세포로부터 발생하며 질병은 세포의 변화에서 시작된다는 것을 밝혔다. 그러나 '병리학의 아버지'라 불리는 최고 권위자인 그도 생명체의 형질이 어떻게 전달되는지는 이해하지 못했다.

피르호가 베를린 자선병원에서 연구에 몰두하는 동안, 베를린에서 멀지 않은 수도원에서 한 사제가 완두콩 재배에 열중하고 있었다. 이 사제의 발견이 인류의 미래에 어떤 영향을 미칠지는 누구도 예상하지 못했다.

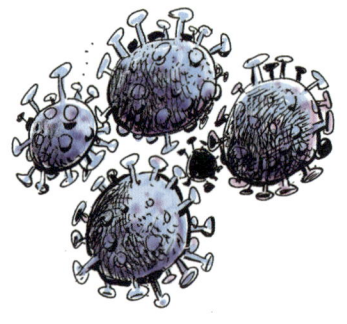

세포생물학과 유전학

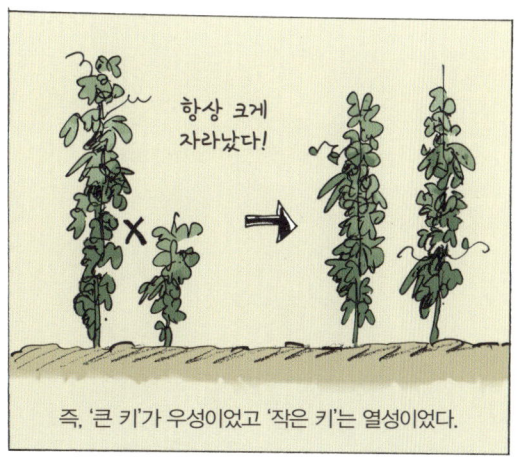

*체세포 분열
**반수염색체

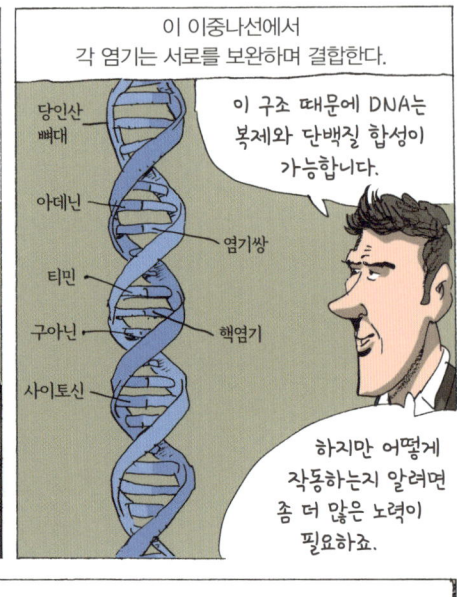
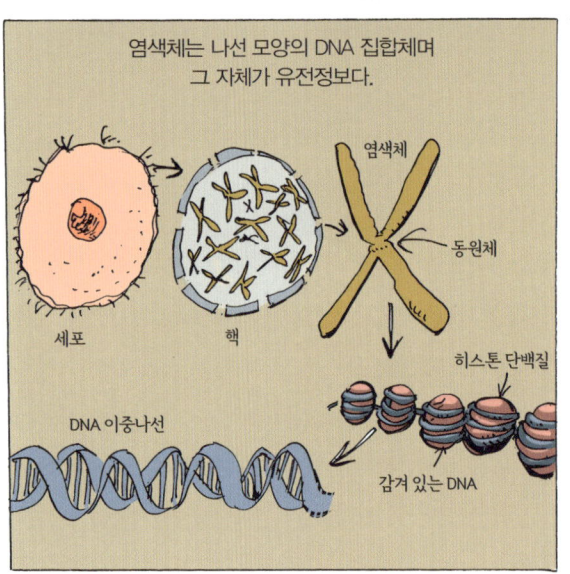

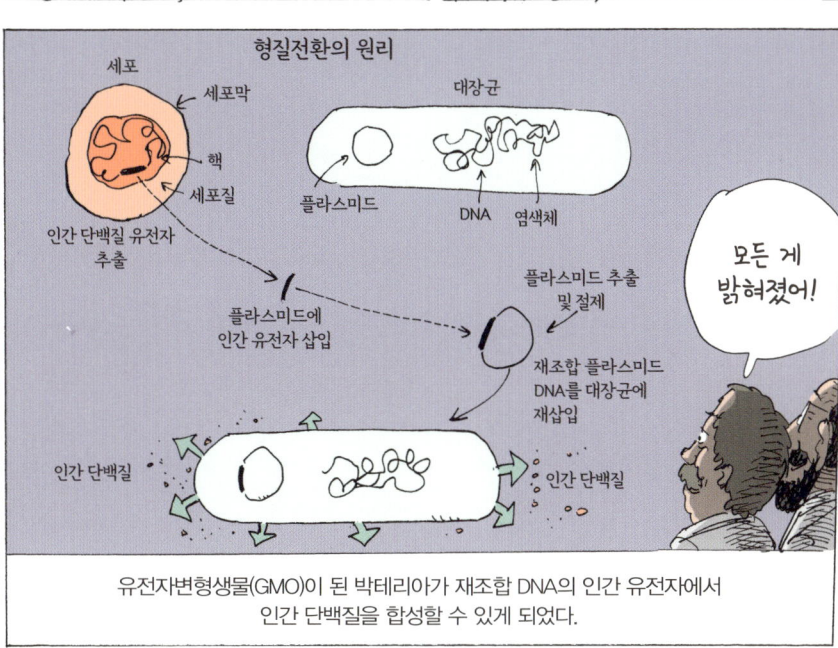
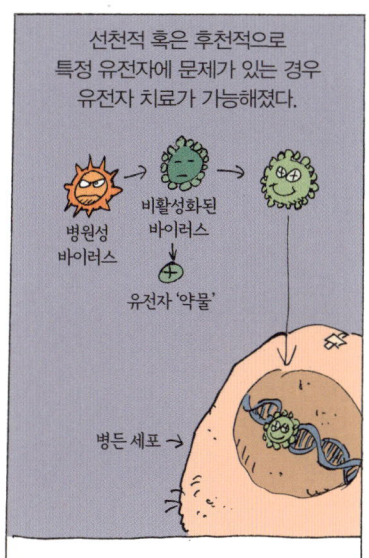
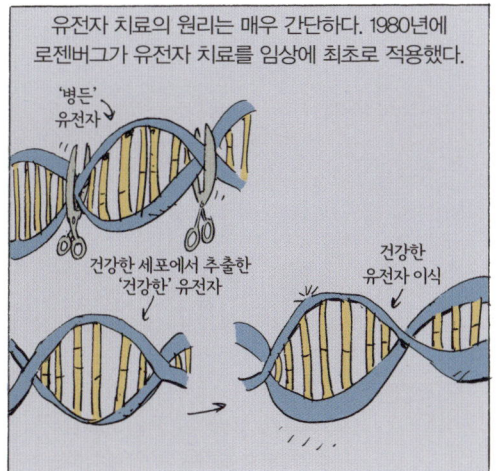

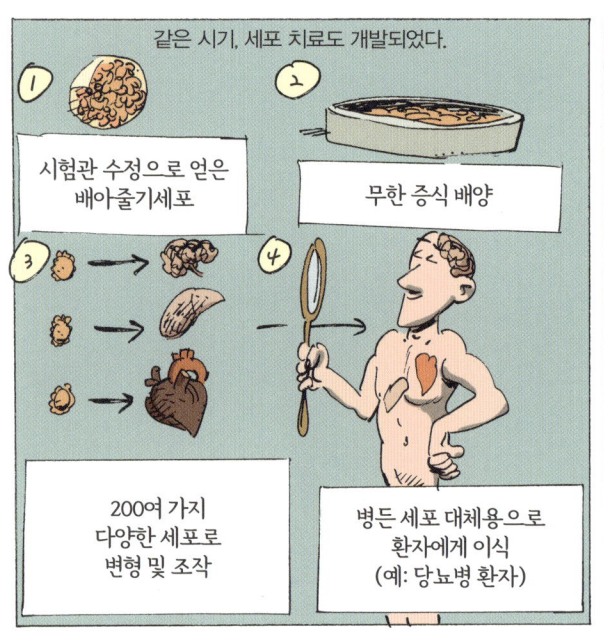
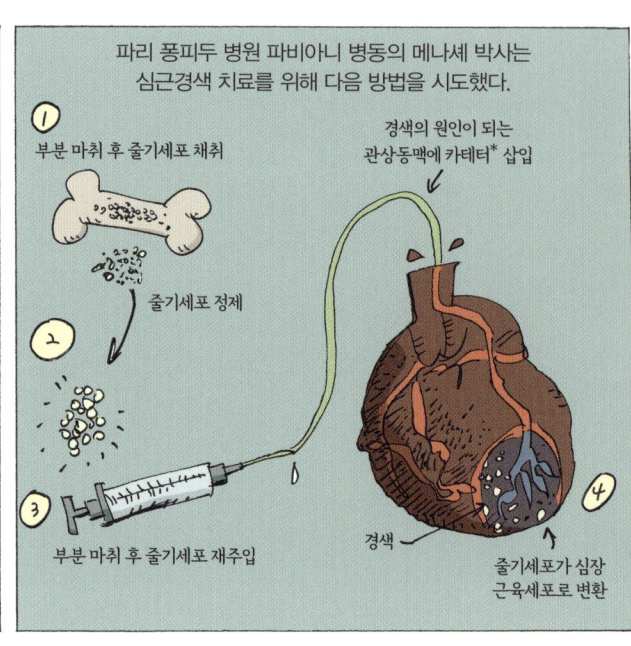

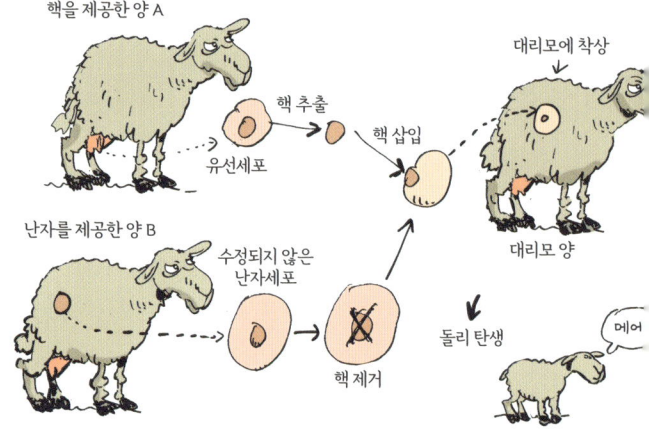

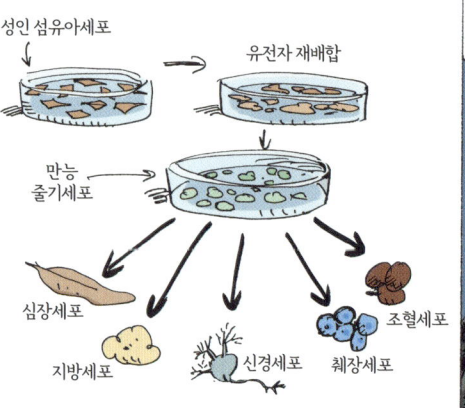

제15장
출산과 피임, 그리고 성

성은 언제나 인간의 뜨거운 관심사였고, 출산은 여성의 큰 걱정거리였다. 반면 최근에는 세포생물학의 발달로 인한 불임치료가 커다란 관심사가 되었다.
전통적으로 윤리와 종교는 생식과 출산에 지대한 영향을 주었으며, 의료기술이 발전한 지금까지도 이로 인한 논쟁이 벌어지고 있다.
새로운 기술에 열광하면서도 전통적인 가치를 잃을까 봐 염려하는 사람들에게 의학의 발달은 중요한 도덕적 질문을 던지고 있다.

출산과 피임

*107쪽 참고

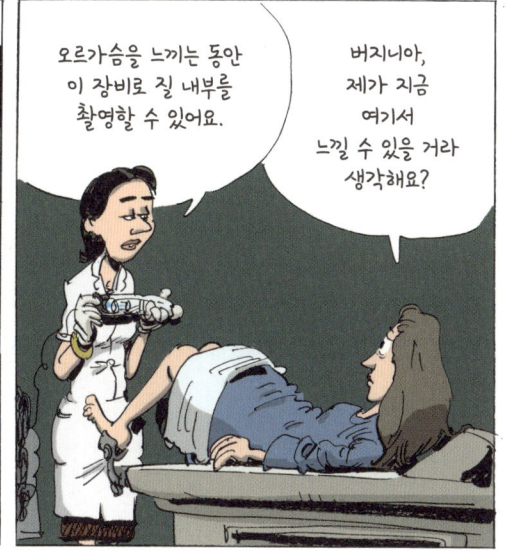

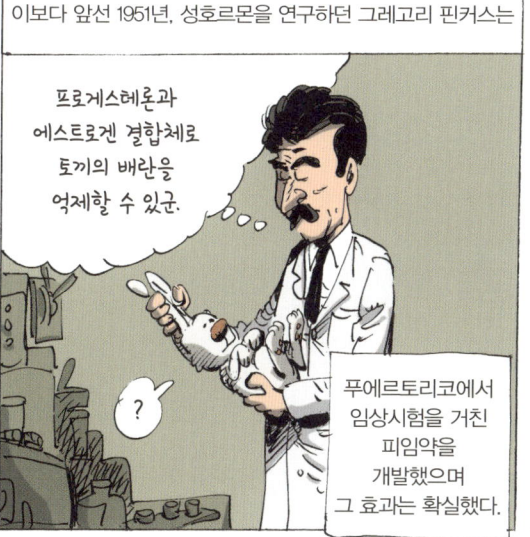

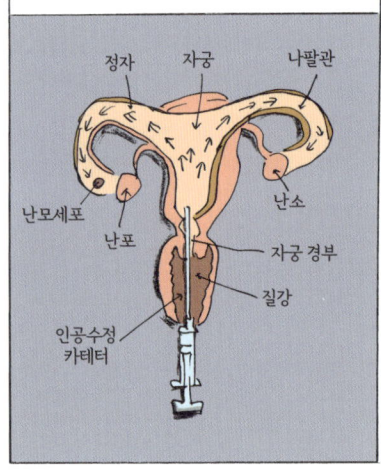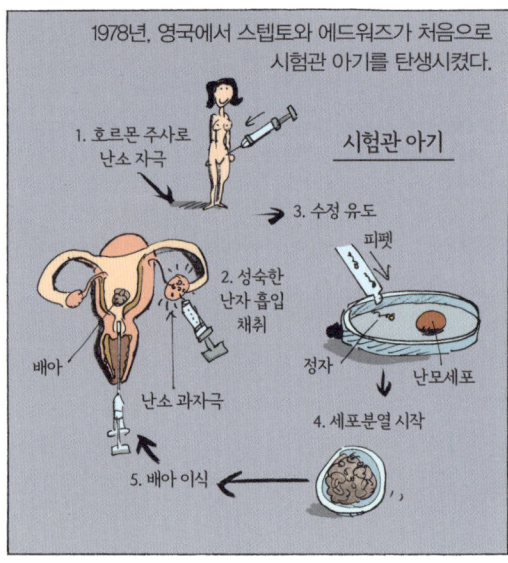

제16장
대체기술의 등장

장기와 조직이식, 그리고 인공장치 삽입은 의학계의 큰 모험이었다.
이 허무맹랑한 꿈같은 일을 실현하기 위해 외과의사들이 끈질기게 매달린 끝에 마침내 20세기에 이식수술이 성공했다.
의족과 같은 인공보철부터 인공심장에 이르기까지 인공장치가 개발되면서 이제 공상과학영화에서나 보던 인조인간을 만날 날도 머지않았다. 생체인공장기로 구성된 몸에 컴퓨터로 조작되는 뇌를 가진 인간의 출현은 더 이상 꿈같은 이야기가 아니다.
〈스타워즈〉에 등장하는 다스 베이더는 바로 미래 인간의 모습인 것이다.

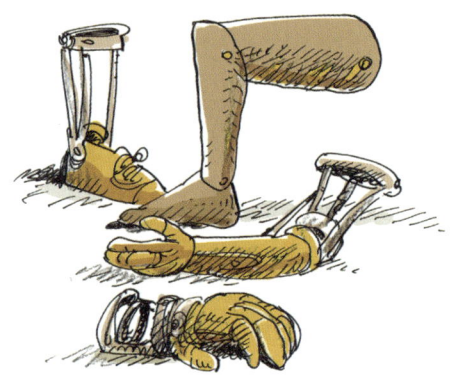

장기와 조직이식

*28쪽 참고

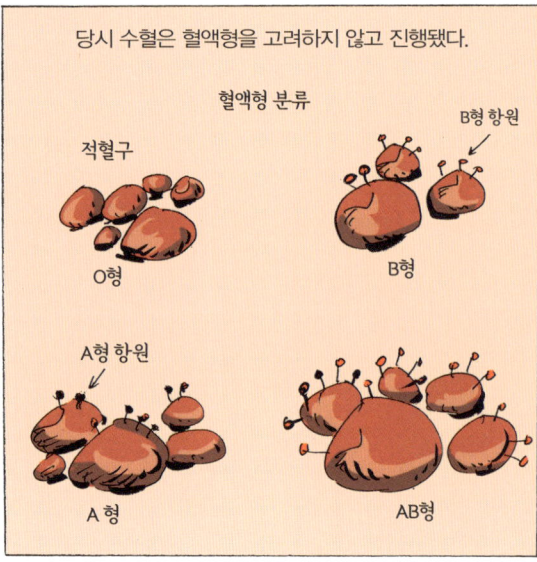

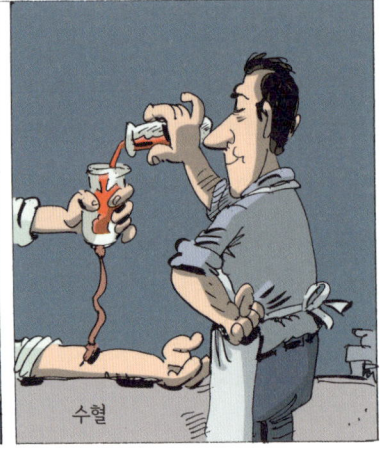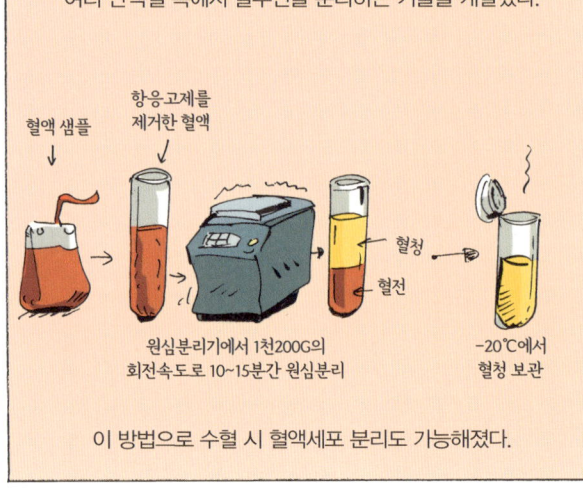

*프랑스 혈액학자, 노벨생리의학상 수상자

최초의 신체이식

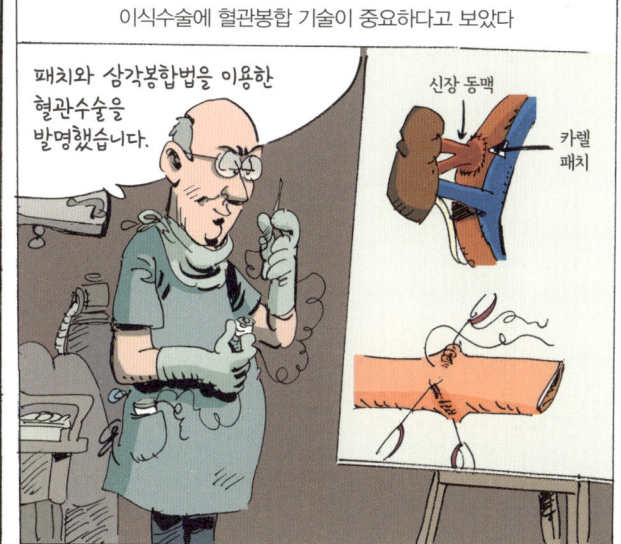

*수용체에 이식한 장기 또는 조직

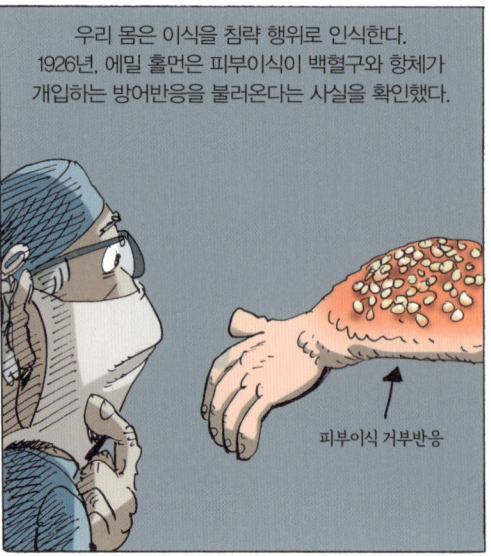

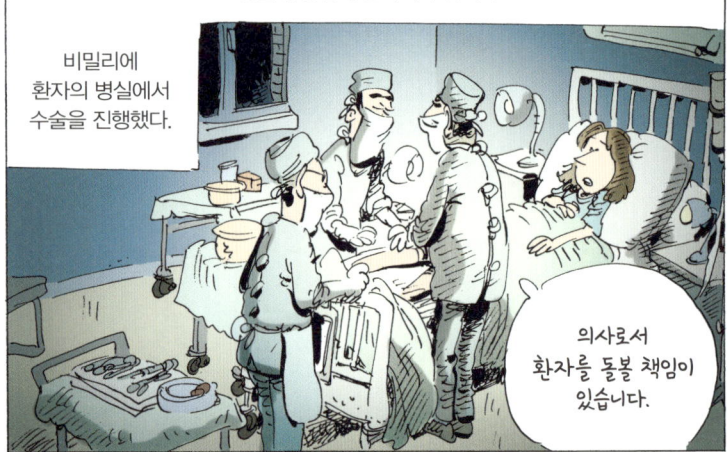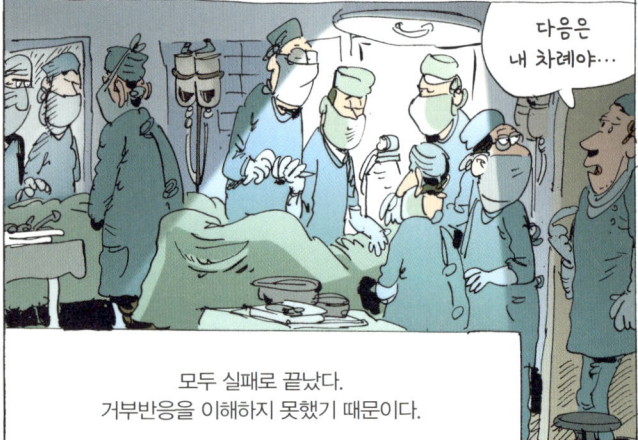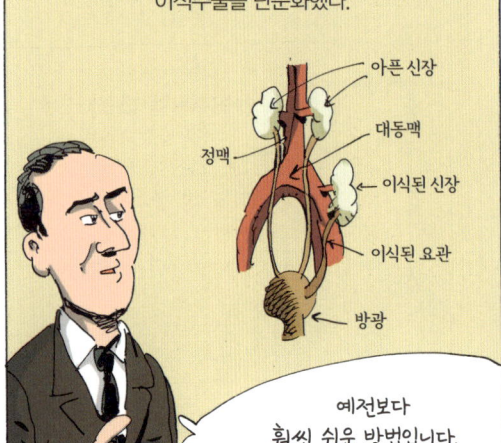

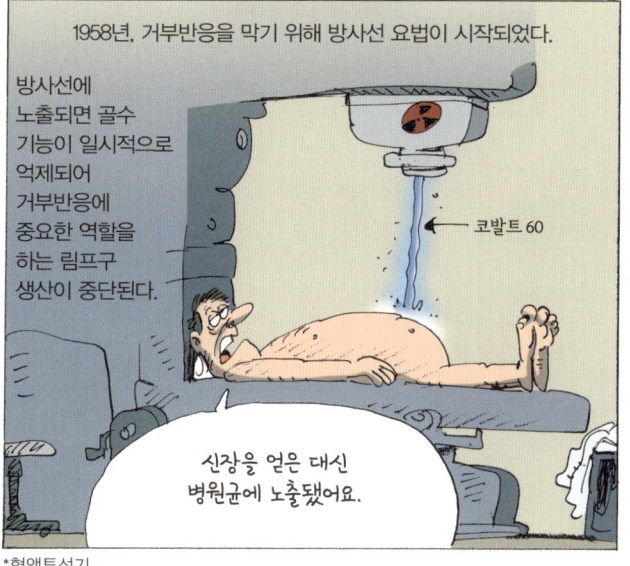
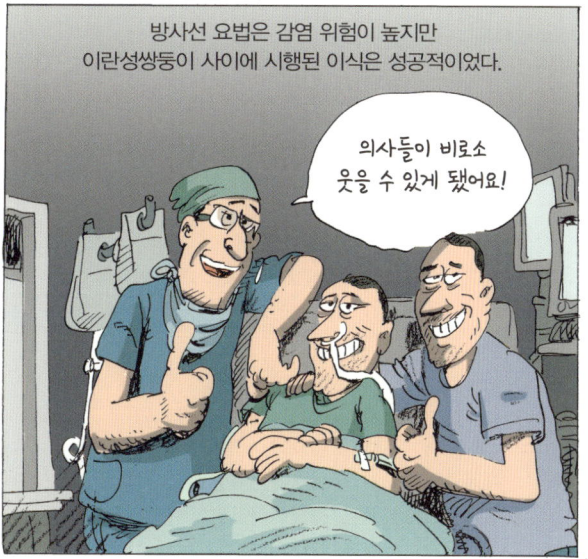

*혈액투석기

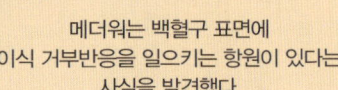

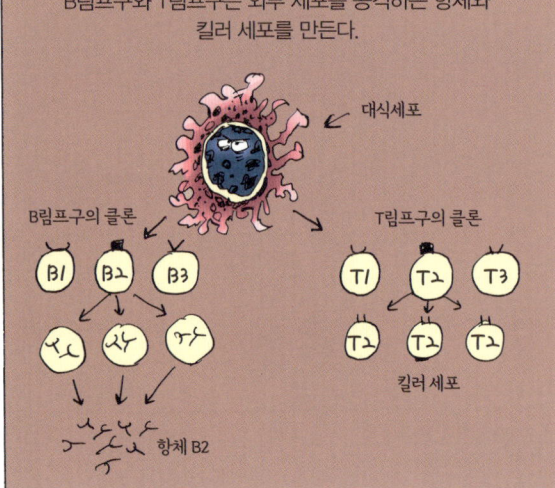
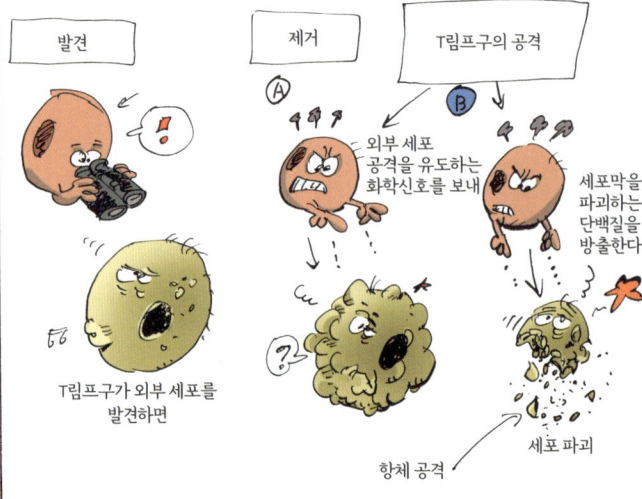

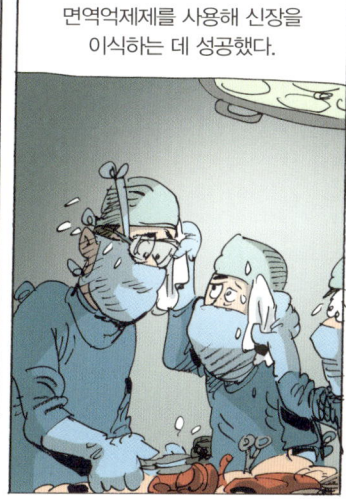

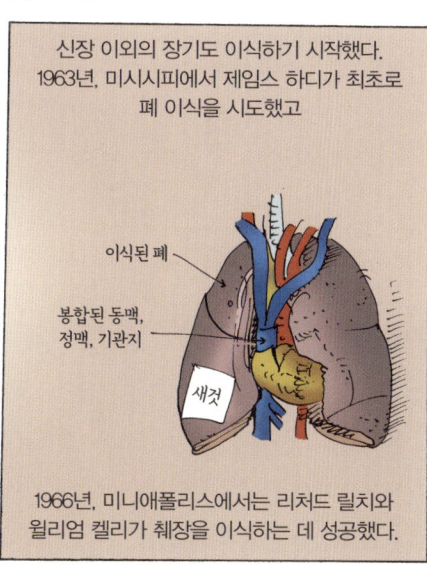

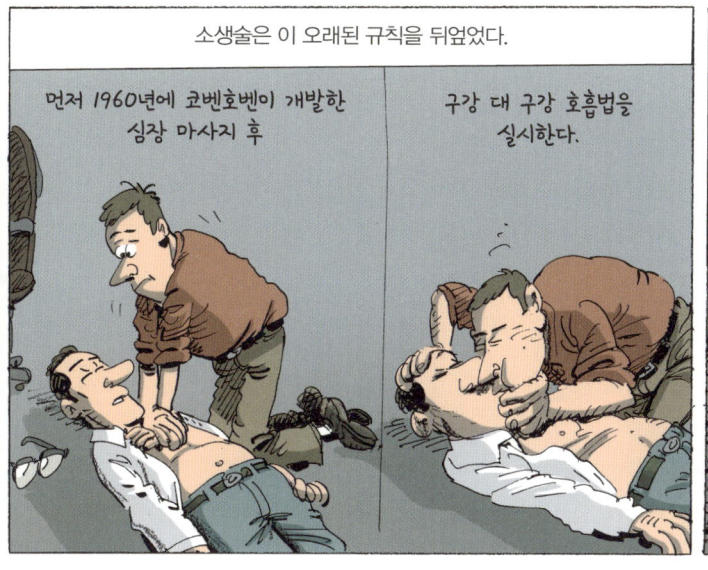
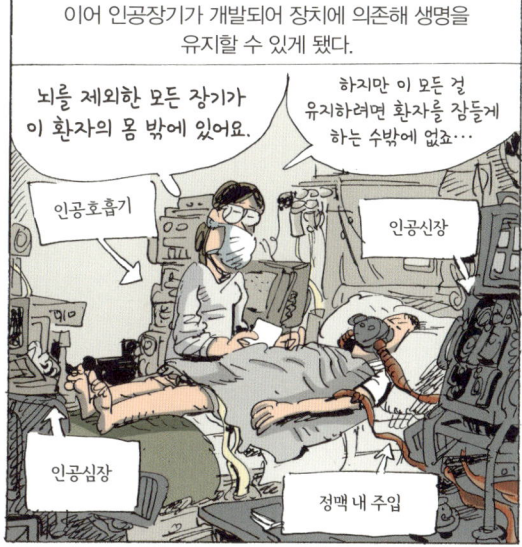

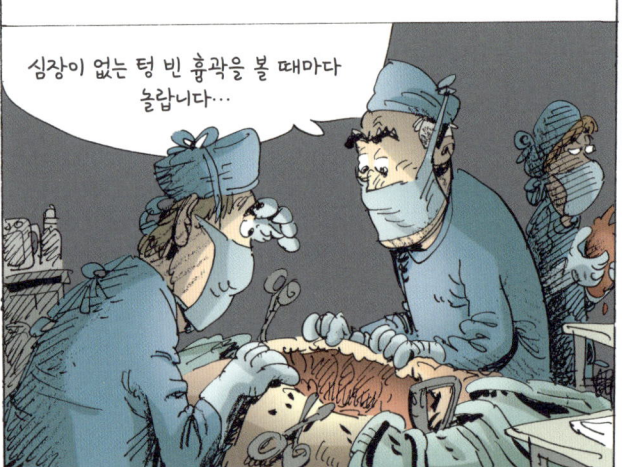

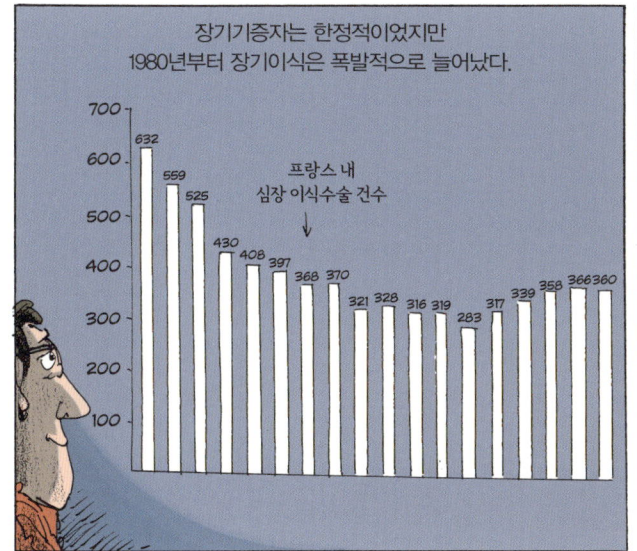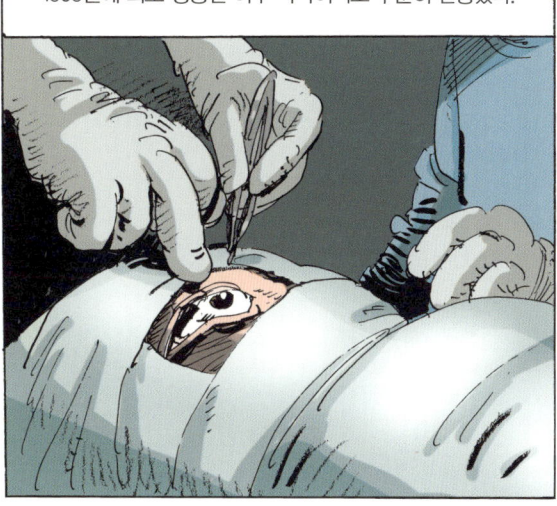

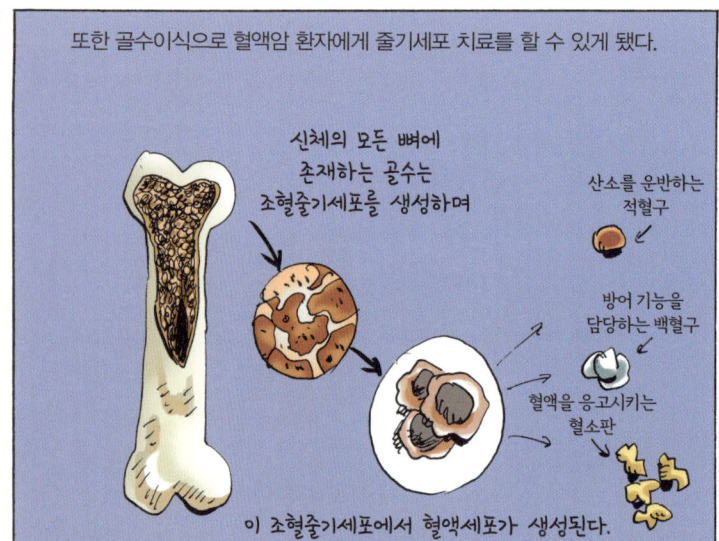

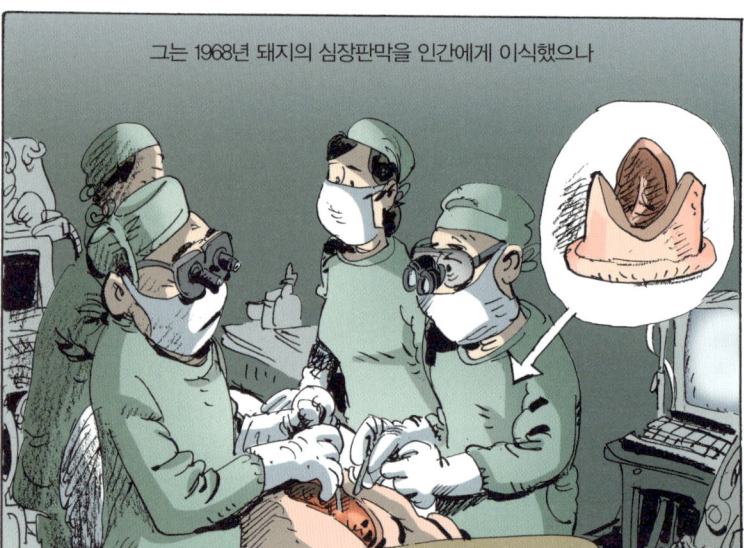

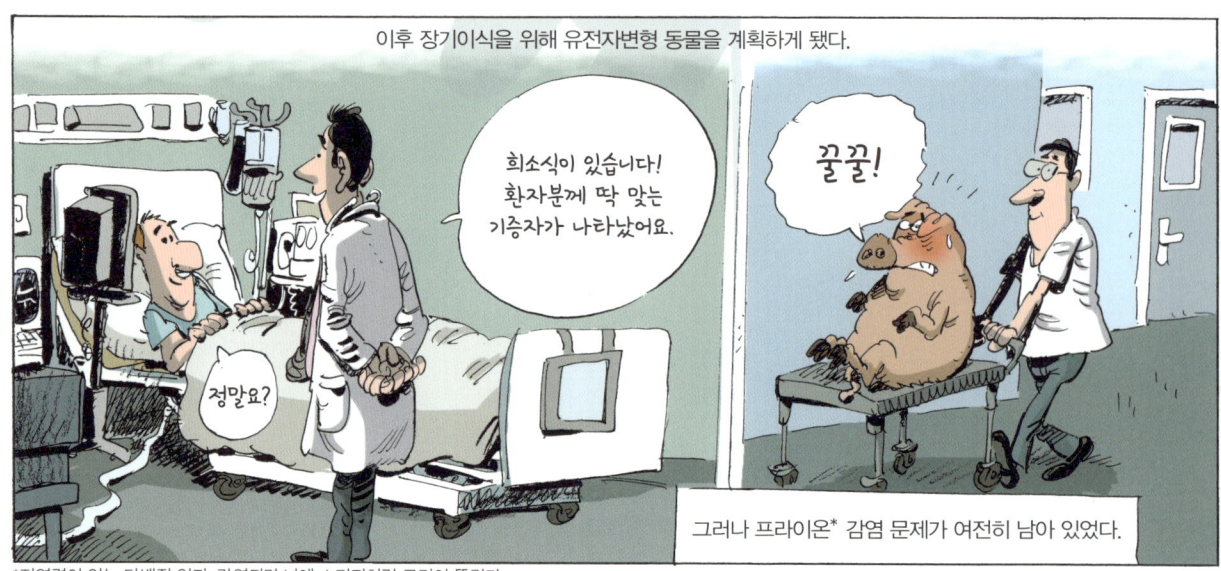

*전염력이 있는 단백질 입자. 감염되면 뇌에 스펀지처럼 구멍이 뚫린다.

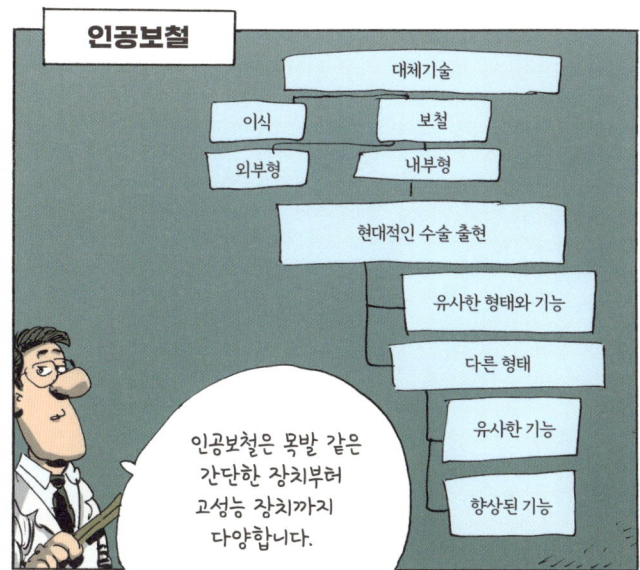

*36쪽 참고

내부 인공장치

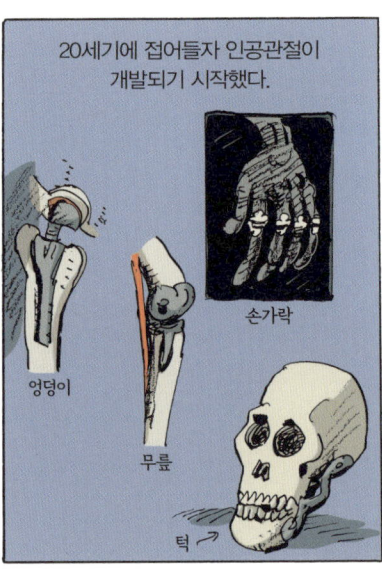

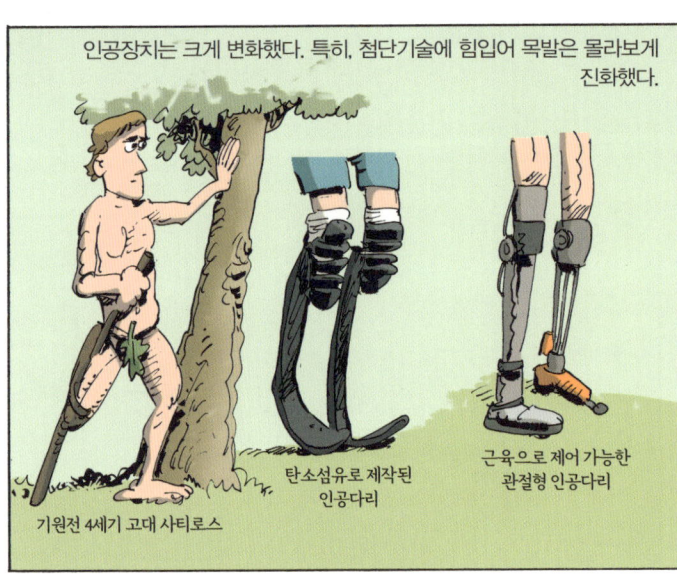
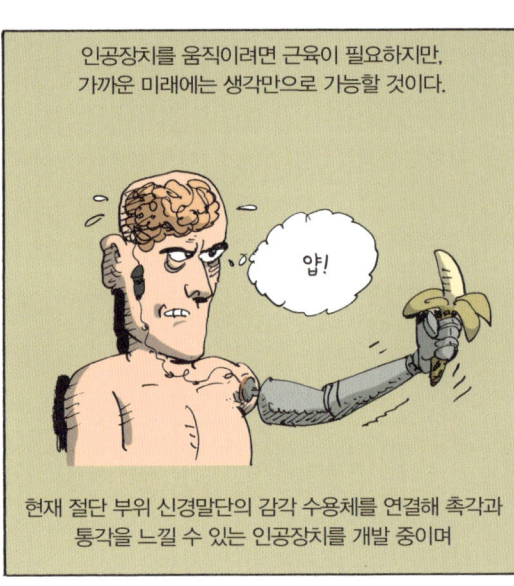

인공장기

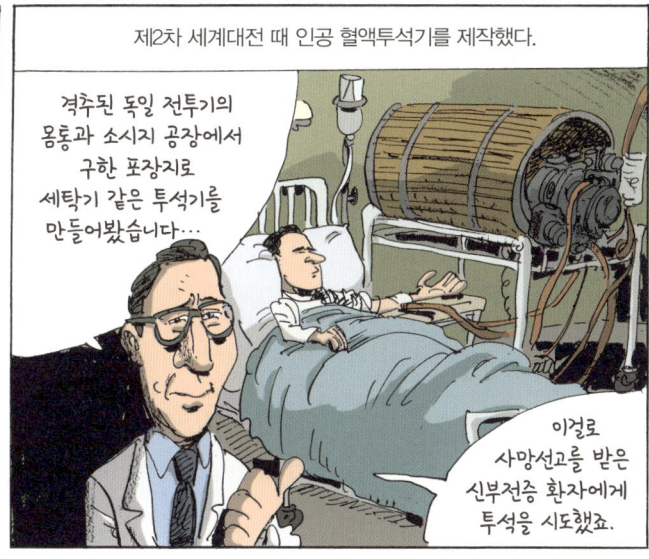

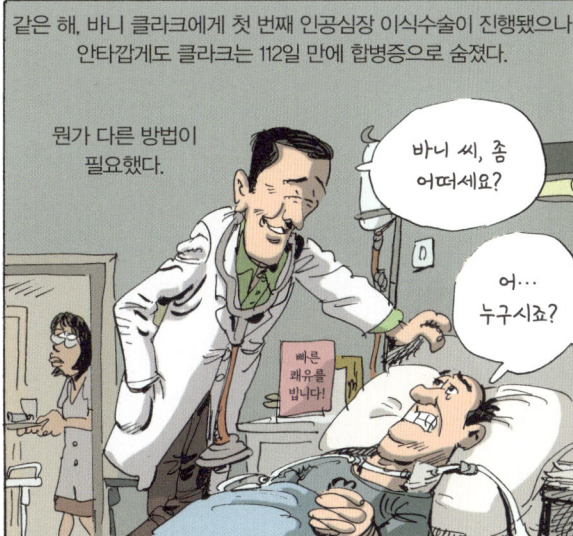

*인공심장의 디자인을 담당한 엔지니어. 그의 이름을 붙인 '자빅7'이 세계 최초 인공심장 수술에 쓰였다.

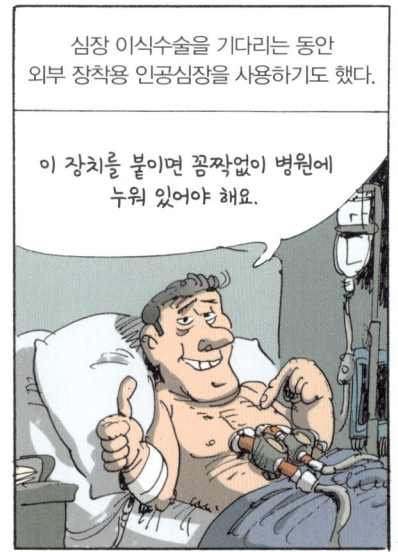

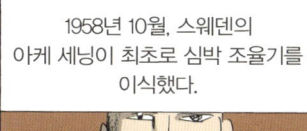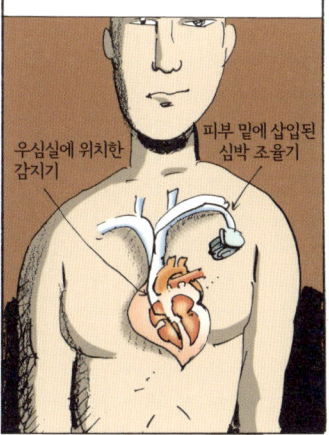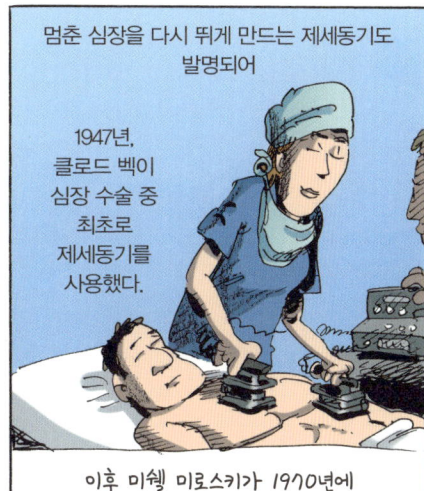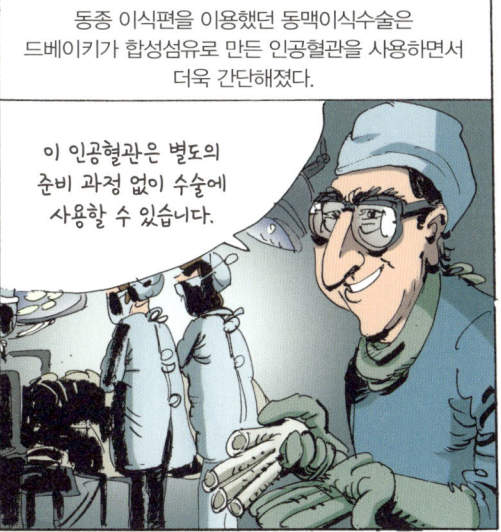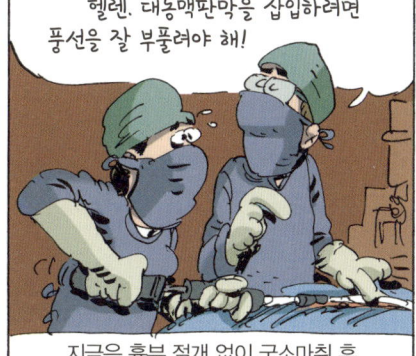

제17장
약초에서 알약까지

수도사의 정원에서 채취한 약초에서 현대식 알약까지 경구투여제에도 많은 변화가 있었다. 모든 식물은 저마다 고유한 효능이 있고 모든 약은 저마다 세상에 등장하기 전까지 긴 이야기를 갖는다.

수 세기 동안 약초 시장은 유례없는 성공을 거둬왔고 이 성공은 오늘날까지 지속되고 있다. 반면, 지난 두 세기 전부터 활성화된 제약산업의 생산품은 사람들에게 환영받지 못하고 있다. 현대 의약품은 왜 신뢰를 얻지 못했을까?

위대한 연구자와 매력적인 사기꾼이 섞여 있는 이 세계를 보다 분명하게 살펴보자.

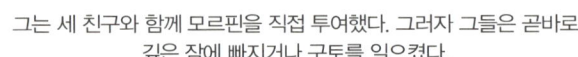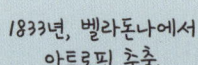

*프랑스산 레드 와인에 코카나무 잎을 섞어 우려낸 혼합주

항생제

*푸른곰팡이로 숙성한 치즈

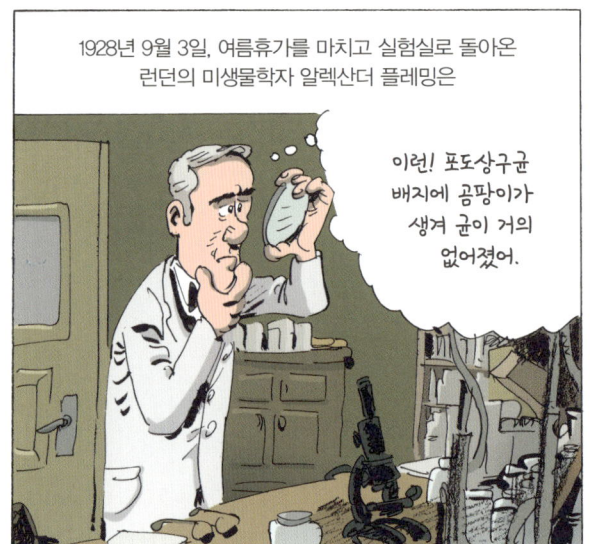

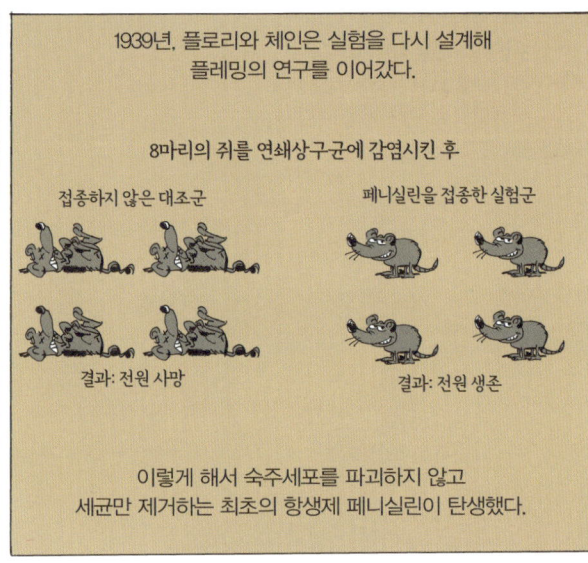

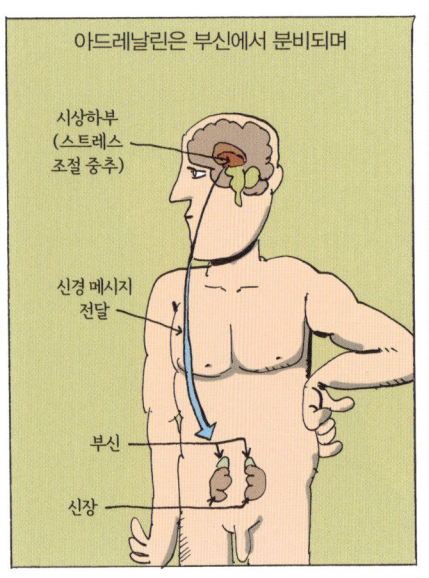

*'renal'은 신장을 의미한다.

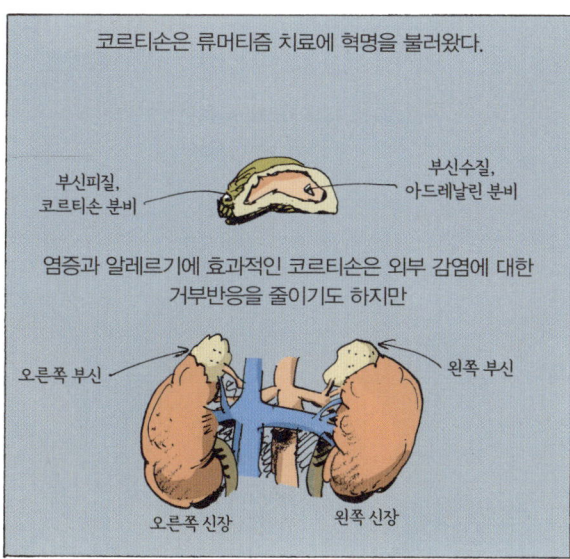
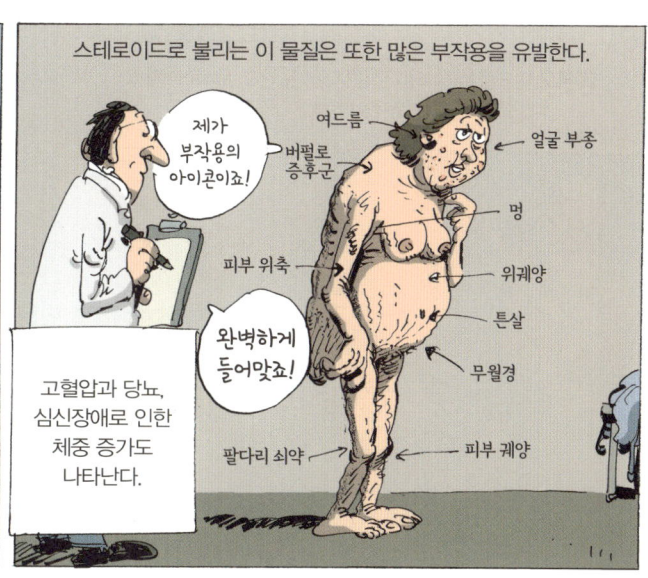

호르몬: 인슐린

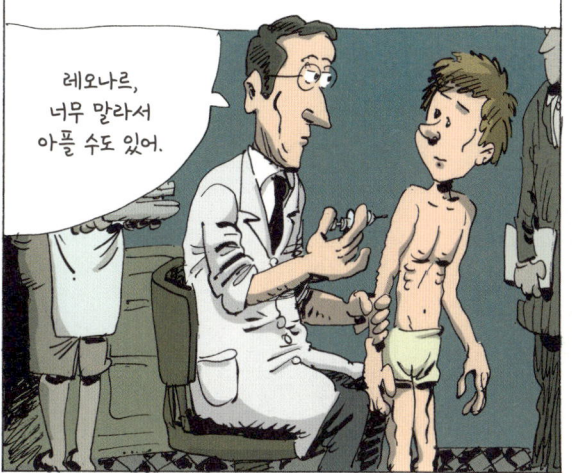
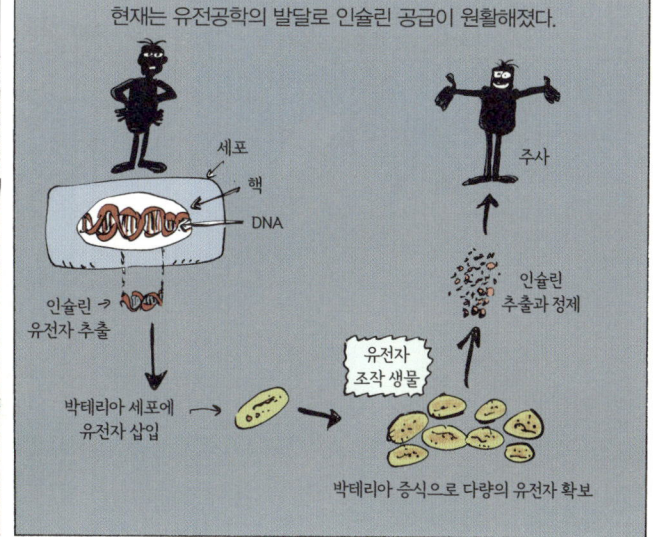

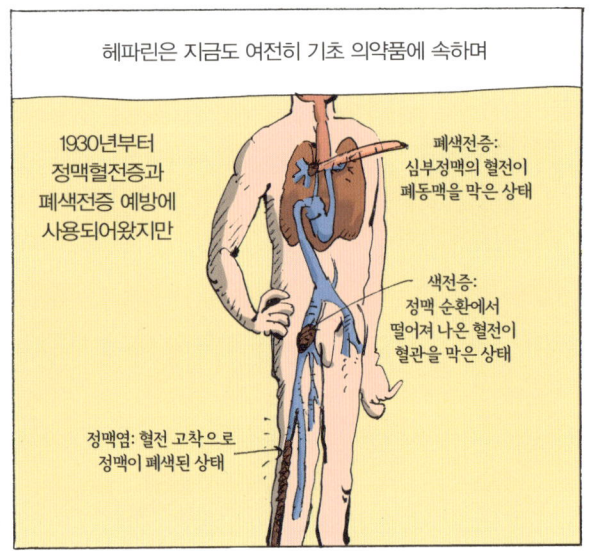

*'hepar'는 그리스어로 '간'을 의미한다.
***프랑스 알자스 지역 특선 요리

위궤양 치료

사람들은 대부분 위궤양의 원인이 위산과 스트레스라고 생각했다.

스트레스는 위산 분비를 촉진하는 미주신경과 연결되어 위궤양의 원인이 될 수 있다.

그러나 미주신경을 절단한다고 해서 위궤양이 치료되는 건 아니다.

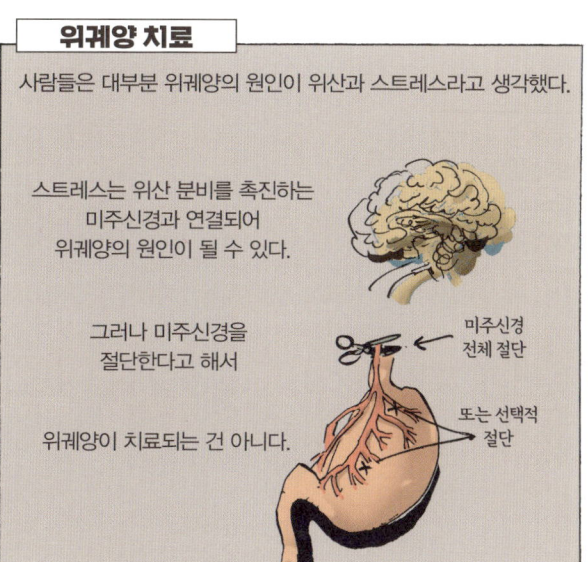

미주신경 전체 절단
또는 선택적 절단

1982년, 호주의 마셜과 워렌은 위궤양 조직에서 헬리코박터균을 발견해 항생제로 치료했다.

"산성에서는 세균이 살 수 없다고 생각해 아무도 우리 말을 믿지 않았어요.

이걸 증명하려고 헬리코박터균을 맥주와 섞어 마셨더니 위염에 걸렸죠. 썩 유쾌한 경험은 아니었지만요…"

배리 마셜, 2005년 노벨상 수상

향정신성 의약품

1950년 전까지는 정신분열증에 효과적인 약이 거의 없었다.

아편 추출물, 진정작용이 있는 클로랄 시럽과 바르비투르산제가 처방 약물의 전부였다.*

1952년, 군의관 앙리 라보리는 수술 충격을 예방하는 클로르프로마진이 환자를 안정시키는 데 효과적이라는 사실을 발견했다.

"이 물질을 정신분열증 환자에게 써보면 어떨까?"

생 앤 병원의 피에르 드니커와 장 들레이는 임상실험에서 클로르프로마진이 흥분과 망상을 효과적으로 줄이는 것을 확인했으며

"이보게, 장. 내가 보기에 정신분열증엔 이만한 명약이 없어."

1957년, 롤랜드 쿤은 항우울제인 이미프라민을 발견했다.

"스위스에서 개발된 이 약은 원래 목적인 정신분열증 완화에는 효과가 없었습니다.

하지만 우울증 환자에게 처방하자 효과가 나타났죠."

"먹어야 해 말아야 해?"

*134쪽 참고

심혈관 질환

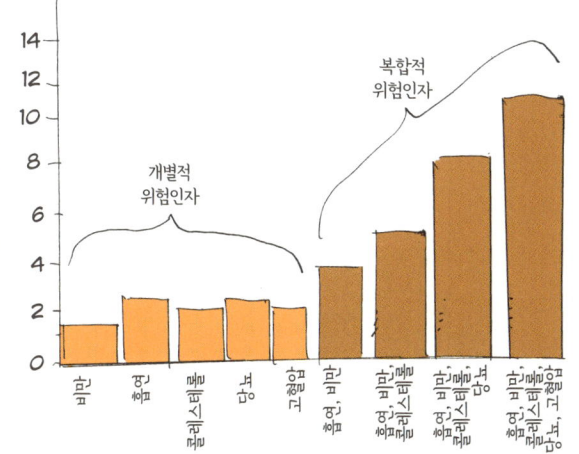

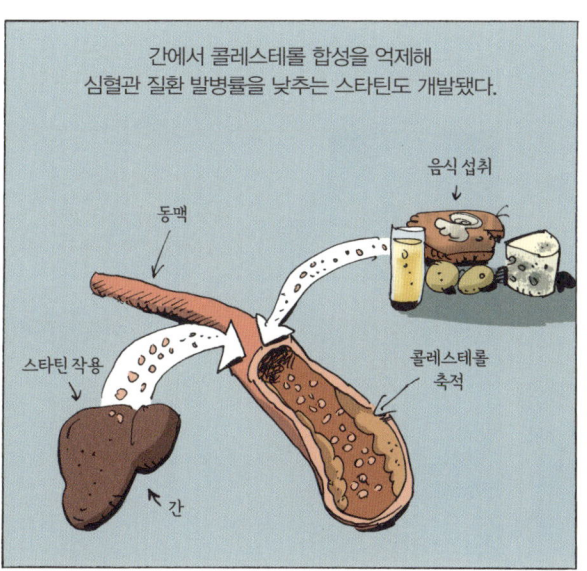

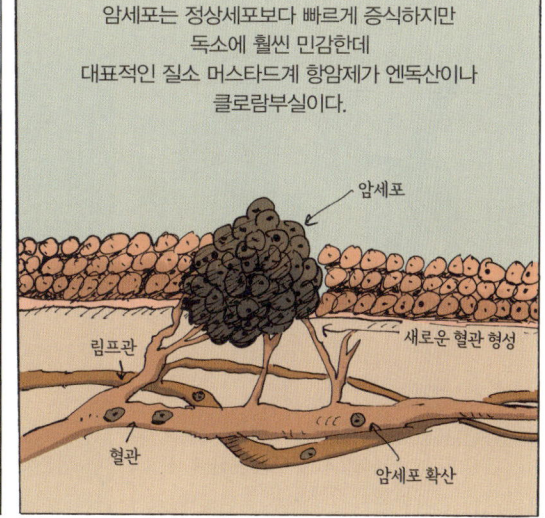

*제1차 세계대전 때 독일군이 사용한 독가스의 일종

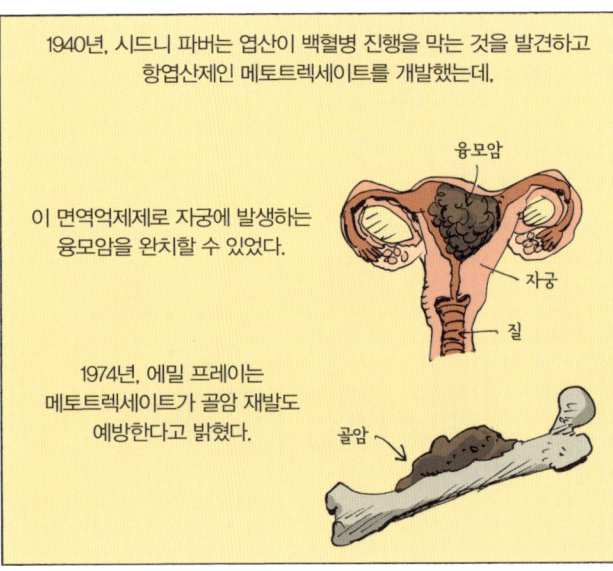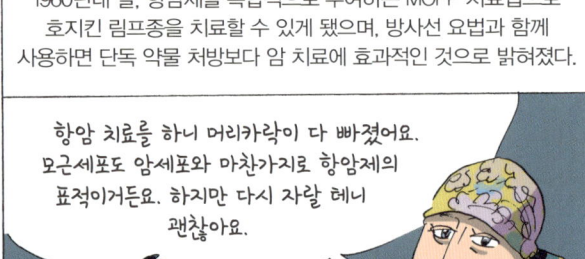

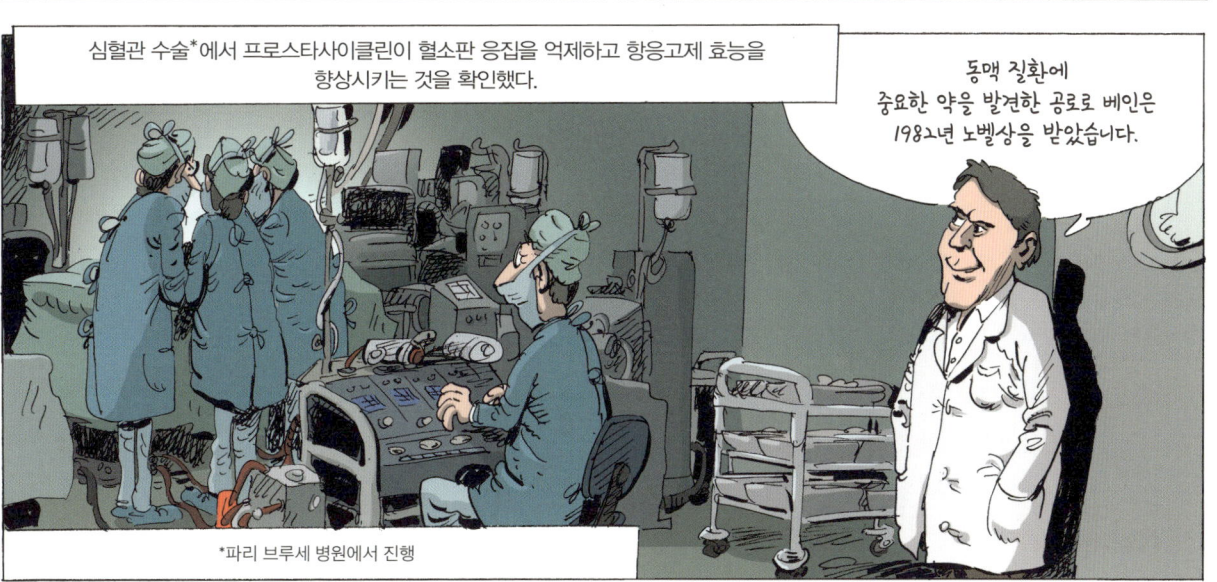

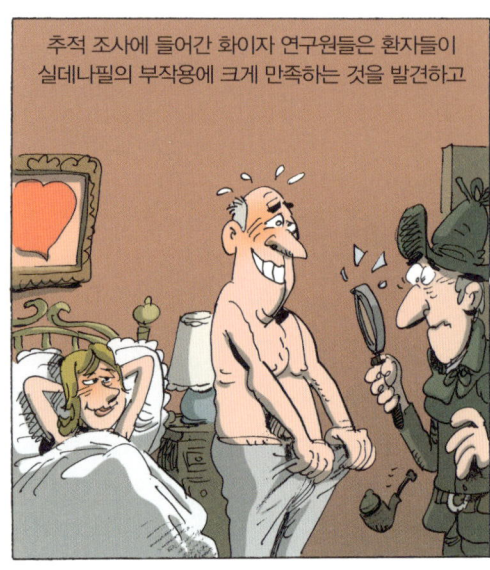

제18장
법의학

역사적으로 부검을 담당하는 의사는 형사 사건과 관련을 맺을 수밖에 없었다. 법의학이 발달하기 전에는 뇌의 형태 같은 겉모습만 보고 판단해 범인을 대충 잡아들였다. 19세기 초, 프랑스의 해부학자 프란츠 요제프 갈은 뇌의 각 영역이 욕구나 충동 등 서로 다른 감정을 처리한다는 이론을 창안했다. 그 후 의사들은 이 이론에 따라 선과 악을 행하는 영역을 빠르게 나누었다. 심지어 살인 충동을 일으키는 부위가 따로 있다고 믿었다!

이후 리옹대 법의학과 교수 알렉산더 라카사뉴와 그의 제자 에드몽 로카르는 과학적인 수사 방법의 기초를 세웠다. 현실 속 증거를 우선시하는 이 세계에서 코넌 도일이 만든 셜록 홈스라는 가상의 인물은 오랫동안 묘한 매력으로 사랑받고 있다.

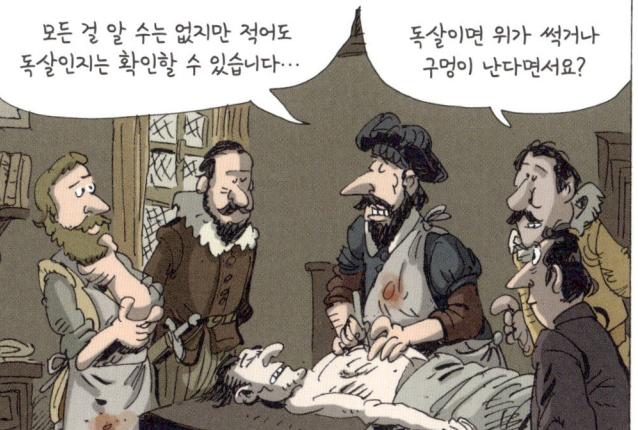

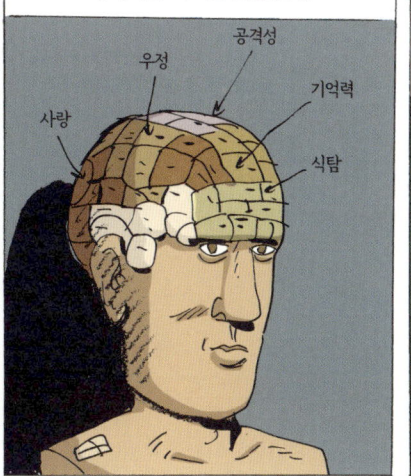

독물학

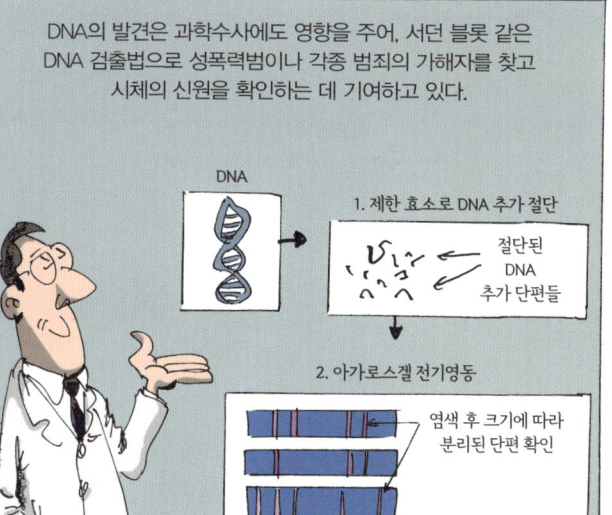

*PCR(Polymerase Chain Reaction): 유전자 증폭 기술

제19장
사회보장제도와 인간 중심 의료

인류가 탄생한 이래 인간의 가장 큰 불행인 병을 피하기란 쉽지 않다. 삶을 뒤흔드는 전쟁이나 자연재해도 언제 일어날지 예측하기 어렵다.

그러나 인류가 서로 연대한다면 역경을 좀 더 쉽게 헤쳐나갈 수 있지 않을까? 우리 앞에 부닥친 문제를 해결하고 사회보장의 원칙에 도달하려면 자선이나 단순한 원조를 넘어서는 사회 전체의 노력이 필요하다. 지도자들은 노동자들의 복지를 보장하고 국가는 부모와 아이를 보호하기 위한 정책을 개발해야 한다.

또한 사회보장제도와 함께 인간 중심 의료의 대원칙이 확립되어야 한다. 기업과 국가가 사회 개선에 앞장서는 한편, 의사는 국경을 넘어 적절한 치료와 보편적 정의가 실현되도록 힘써야 한다.

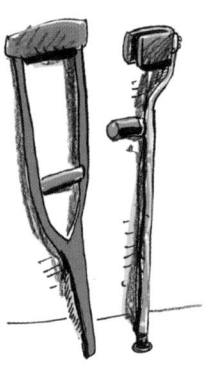

**부편모충 트리파노소마(trypanosome)

*216쪽 참고

제20장
현대에 찾아온 재앙

중세부터 창궐한 전염병은 해결책이 마련된 반면, 전 세계 의사들의 관심을 집중시키는 또 다른 재앙들이 현대에 등장했다. 이제 거침없는 여행자로 잘 알려진 페스트균과 콜레라균을 최악이라 보기는 어려워졌다. 부를 축적하거나 영토를 확장하기 위해 넓은 세상으로 떠난 정복자들은 새로운 질병과 미지의 세균, 그리고 신비로운 기생충과 함께 돌아왔다.

앞서 소개한 코르테스인의 매독과 자모가 연구한 수면병에 이어 이 장에서는 라브랑이 발견한 말라리아와 피터 피옷이 맞서 싸운 에볼라 바이러스를 살펴볼 것이다.

20세기에 벌어진 전쟁은 의사들에게 또 다른 도전을 요구했다. 제1차 세계대전의 안면 부상병에서 히로시마 원자폭탄에 피폭된 사람들까지, 새로운 치료법이 필요한 환자들이 의사를 기다리고 있었다.

괴혈병

전쟁

*169쪽 참고
**제1차 세계대전에서 프랑스를 승리로 이끈 정치인

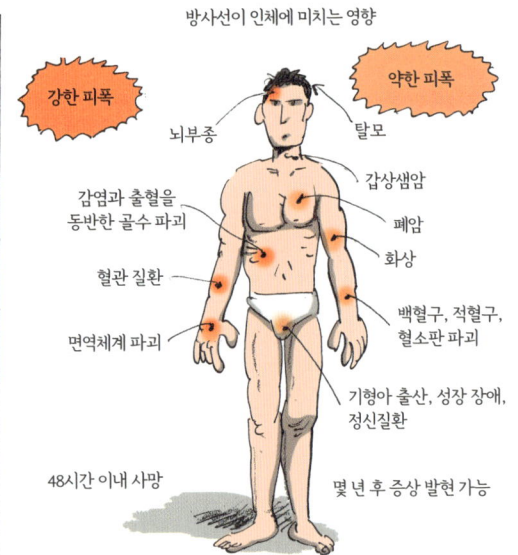

*'나쁜 공기'라는 뜻
**몰리에르의 연극 〈상상병 환자〉의 의사

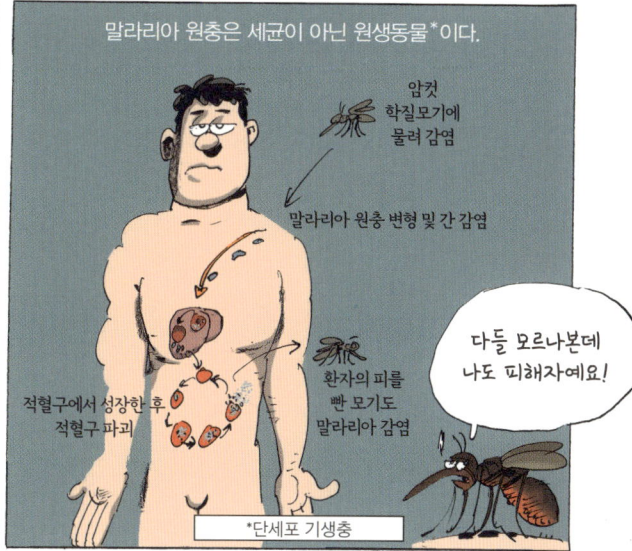

후천성 면역 결핍증(에이즈)

1981년 7월 3일, 〈뉴욕 타임스〉는 미국 동성애 커뮤니티에서 유행하는 새로운 전염병을 보도했다. 이 병은 체중 감소, 열, 폐렴 등을 동반한다고 알려졌다.

그런데 이 병은 동성애자만 걸리는 게 아니라는 사실이 빠르게 밝혀졌다.

(동성 또는 이성 간) 피임기구를 사용하지 않은 성관계

후천성 면역 결핍증에 걸린 임산부에서 태아로 수직 감염

약물 중독자가 쓴 오염된 주사기로 감염

어느 날, 에이즈의 원인 바이러스를 두고 두 연구실의 경쟁이 시작됐는데

볼티모어의 로버트 갤로

파리 파스퇴르 연구소의 바레 시누시와 몽타니에

두 연구실의 논쟁은 결국 파스퇴르 연구소의 승리로 끝났다. 에이즈 환자의 신경절을 살펴본 로젠바움 박사가 레트로 바이러스를 발견해

바레 시누시와 몽타니에에게 맡겼고

신경절을 살펴본 건 탁월한 선택이었습니다.

이들은 1983년 에이즈 바이러스를 발견했다.

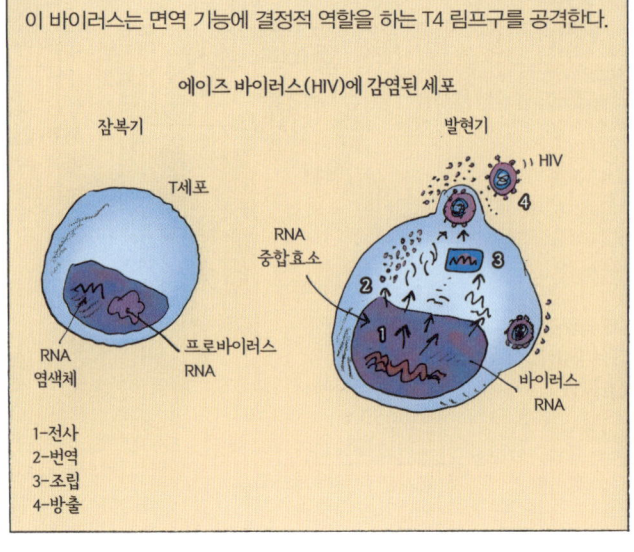

이 바이러스는 면역 기능에 결정적 역할을 하는 T4 림프구를 공격한다.

에이즈 바이러스(HIV)에 감염된 세포

잠복기 / 발현기

T세포 / HIV
RNA 중합효소
RNA 염색체 / 프로바이러스 RNA
바이러스 RNA

1-전사
2-번역
3-조립
4-방출

228

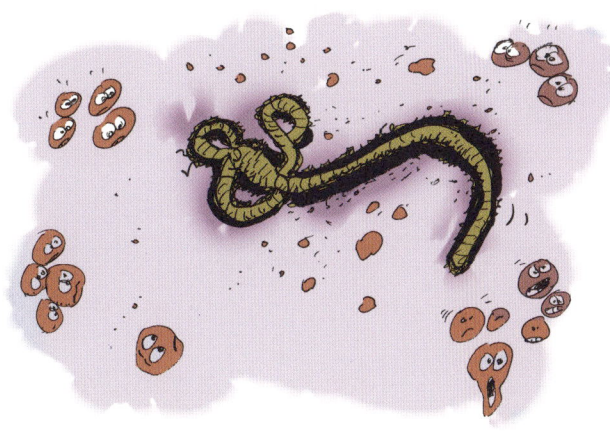

에볼라 바이러스

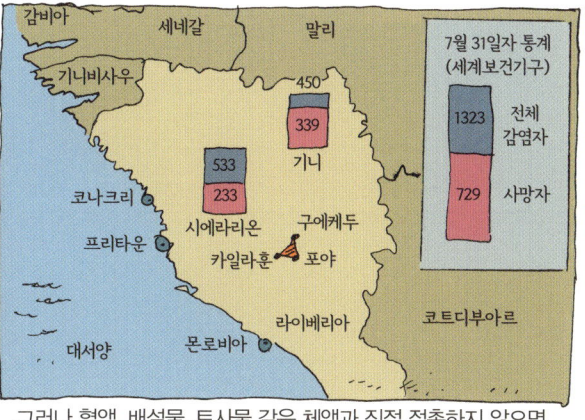

*세 가지 이상 약제를 동시에 복용하는 치료법
**콩고민주공화국의 옛 명칭

제21장
의학의 발전

발전은 계속될 것이다.

세상은 넓고 발견할 것도 많다. 의사는 계속해서 새로운 수수께끼를 던지는 환자와 대면하며 퍼즐을 만들고 또한 맞춰간다. 의사들이 끊임없이 백신과 항생제, 그리고 새로운 수술법을 개발하지만, 여전히 더 다양한 백신과 내성이 없는 항생제 그리고 모두에게 적용 가능한 수술법 개발이 필요하다.

의학은 좌절과 희망 사이를 오가며 진보해왔다. 한 세기 전부터 이루어진 급속한 의학의 발전 뒤에는 더 나은 치료법 개발에 앞장서는 동시에 자본에 혈안이 된 의학산업도 함께 자리 잡고 있다.

의학의 수수께끼는 인간의 삶을 위한 수수께끼이며, 이 수수께끼에 접근한다는 것은 근본적인 질문에 직면함을 의미한다. 과학은 윤리가 아닌 현상만을 표현하기 때문에 사회윤리와 항상 일치하는 건 아니다. 복제세포를 이용한 치료를 계속해도 될까? 유전병 치료를 위한 유전자 조작은 합당한가? 발달된 기술로 식물인간의 수명을 연장하는 것은 바람직한가?

앞으로 의학은 크게 변할 것이다. 우리는 과거를 통해 미래의 발전을 상상할 수 있다. 원격진료와 나노기술, 로봇공학, 그리고 인공지능의 시대에 의학은 어떤 방향으로 나아갈까?

다가올 미래의 의학은 분명 지금보다 더 흥미로운 모습일 것이다.

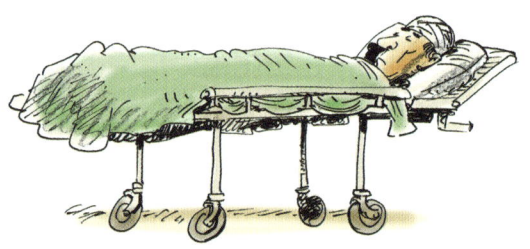

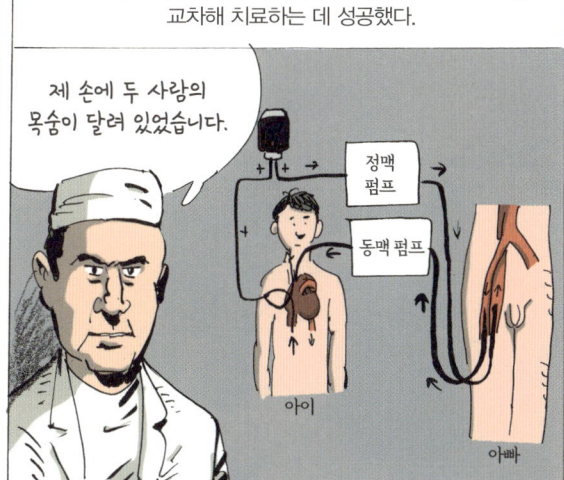

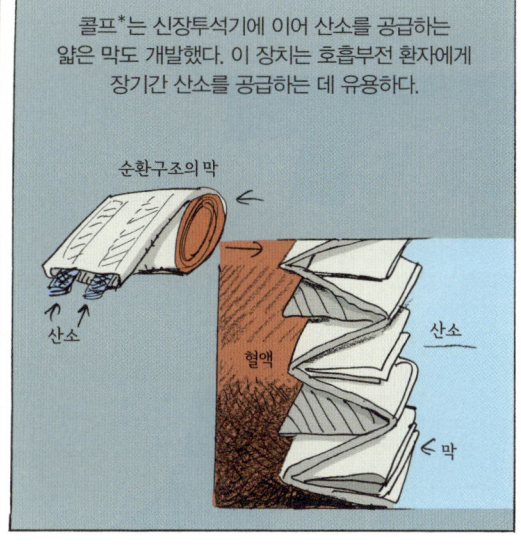

*183쪽 참고

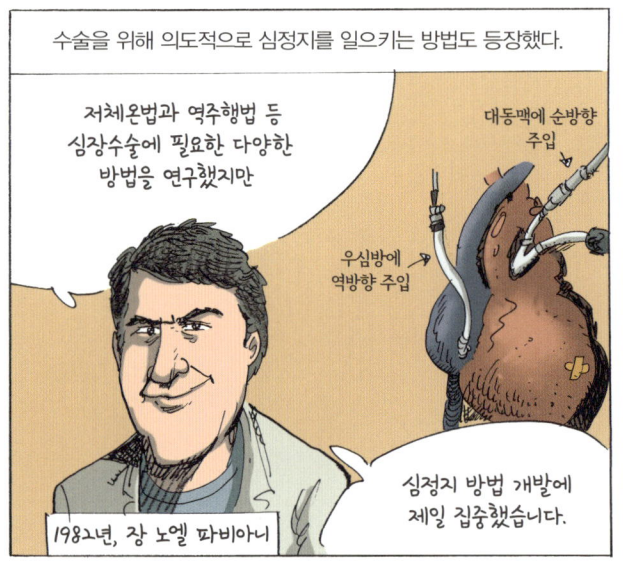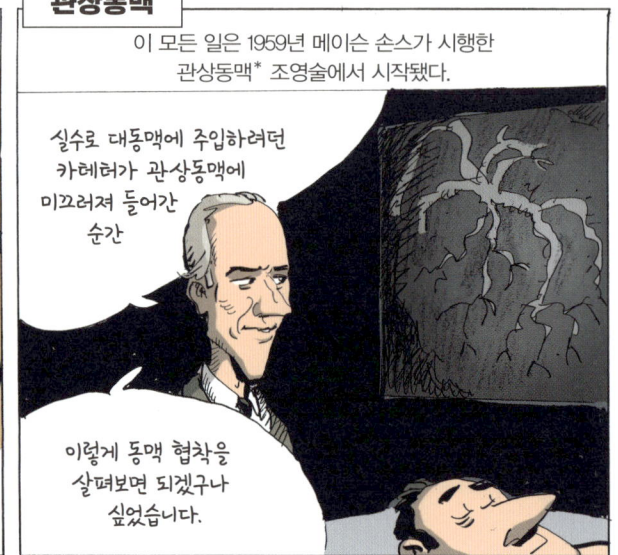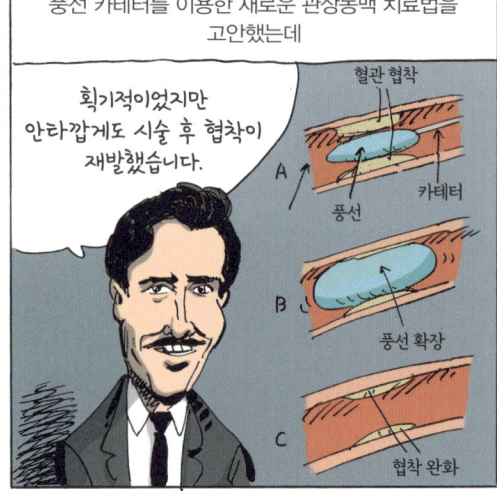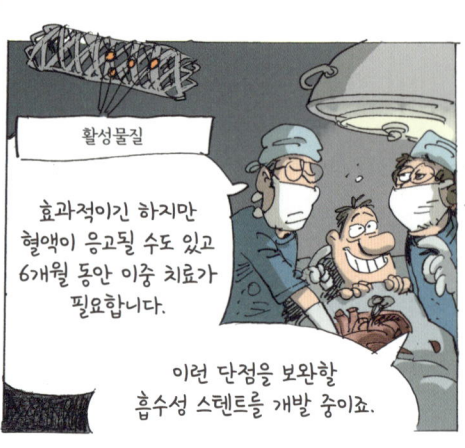

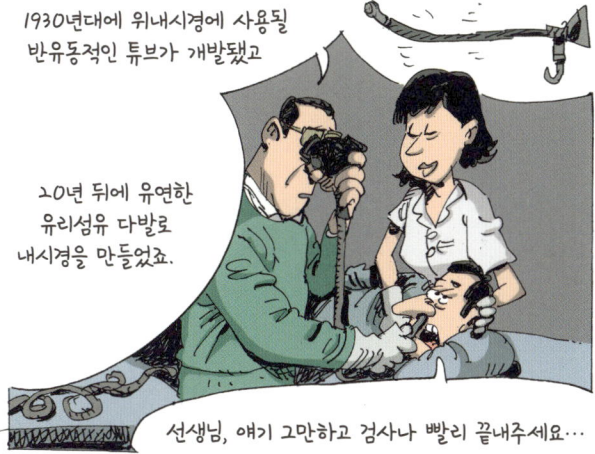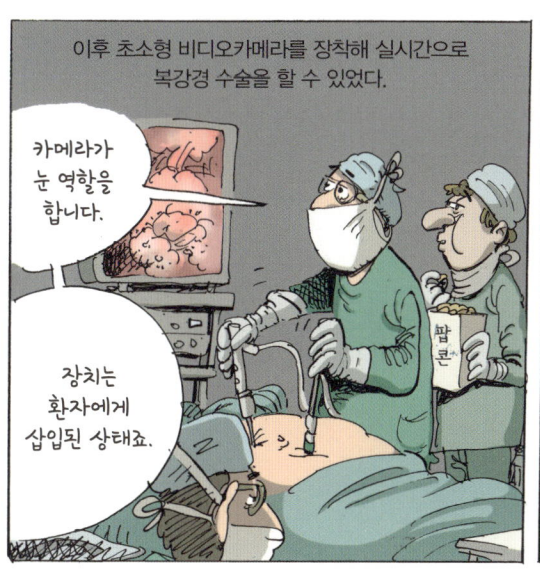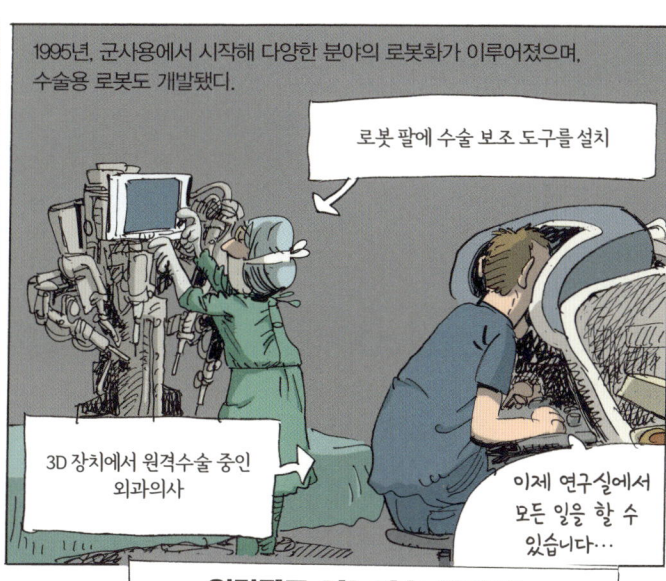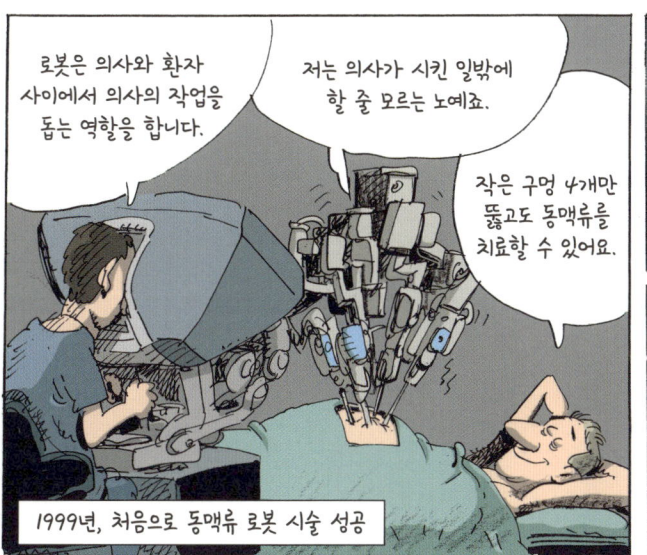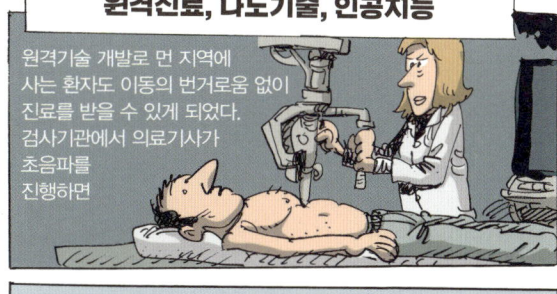

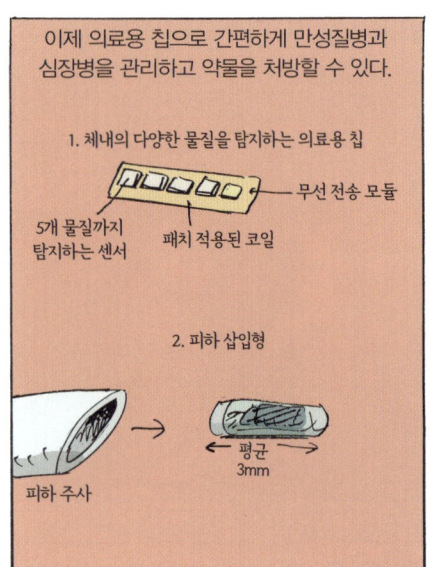
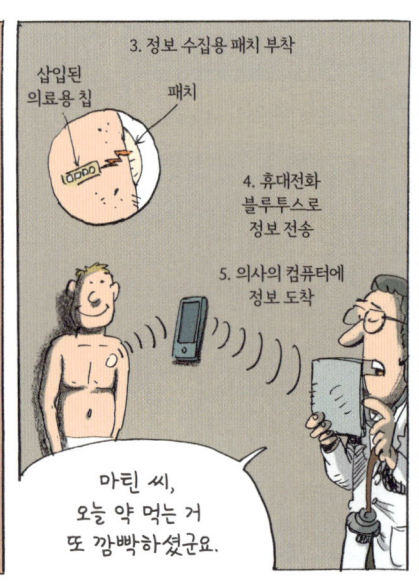

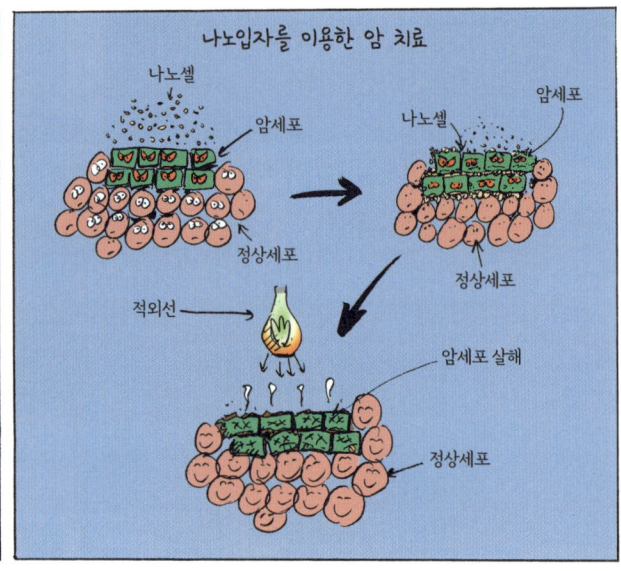

아직 못다 한 이야기…

제22장
중세와 르네상스시대의 교회와 의학

우리는 앞서 교회와 의학의 관계를 살펴보았다. 초기 중세시대에 교회는 수도승에게 치료를 받을 수 있는 유일한 장소였다. 유럽에 최초로 병원을 세운 것도 바로 교회다. 갈레노스는 유일하게 교회가 인정한 모범적인 의사였다. 교회는 사체 훼손과 외과수술을 엄격히 금지하고 이에 반대하거나 새로운 방식을 시도하는 의사들을 종교재판에 부쳐 화형에 처했다.

신앙과 열정이 뒤섞인 시대의 역사에는 실제 있었던 일과 전설, 진실과 허구 또한 뒤섞여 있다. 이를 구분하기 위해 우리는 여러 기록을 참고했다.

남겨진 기록에 따르면 교회는 성 베네딕토의 가르침에 따라 아픈 사람과 가난한 사람을 돌보는 데 앞장섰다. 12세기까지 성직자 가운데서도 특히 수도승과 수녀가 고통받는 사람들을 도왔다. 이후 등장한 대학은 교회와 의학의 관계가 멀어지게 만들었다. 의학이 하나의 분야로 발달하면서 교회는 1131년 투르 공의회를 통해 성직자가 의학을 공부하기 위해 수도원을 떠나는 것을 금지한다. 또한 1215년 라트랑 공의회에서는 성직자가 철 또는 불을 사용해 외과수술을 하는 것 또한 엄격히 금지한다.

보니파키우스 8세가 선포한 교황령에 따라 운반을 손쉽게 할 목적으로 사체를 부위별로 자르는 것은 금지되었다. 다만 교회는 교육을 목적으로 한 해부는 결코 공식적으로 금지한 적이 없다. 법의학적인 부검을 처음 요구한 곳도 바로 교회였다. 그러나 교회 내에서 고위 성직자와 일반 신자는 해부에 대해 서로 다른 견해를 나타냈다. 평범한 신자들은 죽음은 신성한 것이며 사체를 훼손해서는 안 된다고 생각했다.

*헤로필로스와 에라시스트라토스가 알렉산드리아에서 활동한 50년 제외.

제23장
날씨와 생활환경

히포크라테스는 일찍이 코스섬의 플라타너스 아래서 다양한 기후와 정치 제도에 관심을 둘 때 더 많은 환자와 질병을 이해할 수 있다고 말했다.

태양 아래 새로운 것이란 없다. 그러나 시대마다 다른 햇볕의 양은 이주나 농업 생산량뿐 아니라 인류 역사의 많은 부분을 설명해준다.

5세기에는 기후 온난화로 인해 침략이 일어났고 이후 혹한기에는 열악한 수확량과 전염병 때문에 살던 곳을 떠나 미지의 장소로 이동하기도 했다.

질병의 역사와 직접적으로 연결된 식생활과 위생 상태는 정치 제도 및 사회적 환경과 밀접하다.

히포크라테스는 이미 《공기, 물, 장소에 관하여》에서 이에 대한 자신의 생각을 분명히 밝혔다. "같은 유럽인들끼리도 사는 곳에 따라 몸집과 키에 차이가 있습니다. 계절의 변화가 다른 곳보다 더 심하거나 빈번하고 격렬한 더위가 혹독한 추위에 잇따르는 곳이 있기 때문입니다. 우기와 아주 긴 건기가 반복되며 바람 때문에 계절 변화가 더욱 다양하고 뚜렷한 곳도 있습니다. 여름과 겨울, 우기와 건기에 따라 기후가 정자의 응고에 관여하고 생식에 영향을 미치는 것은 자연스러운 일입니다."

히포크라테스여 영원하라!

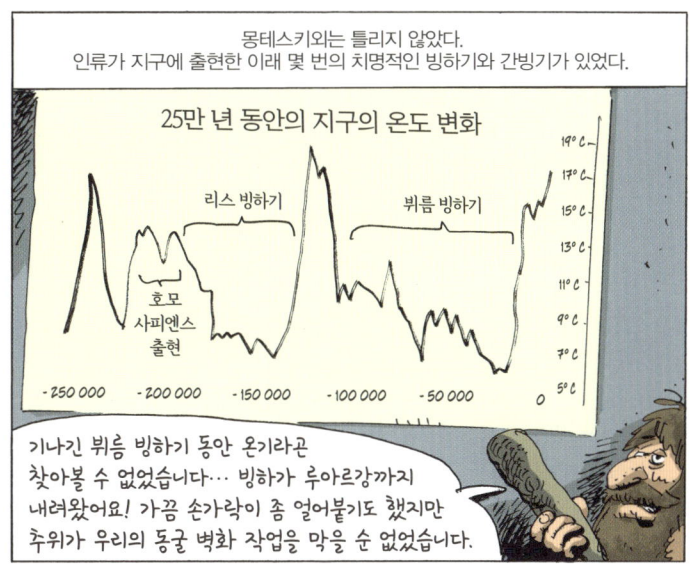
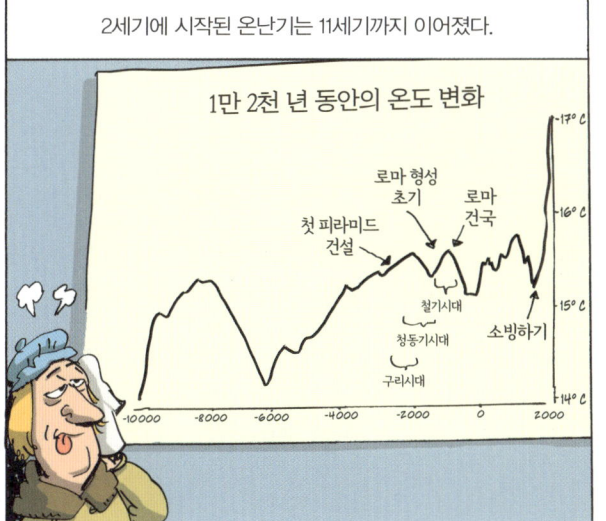

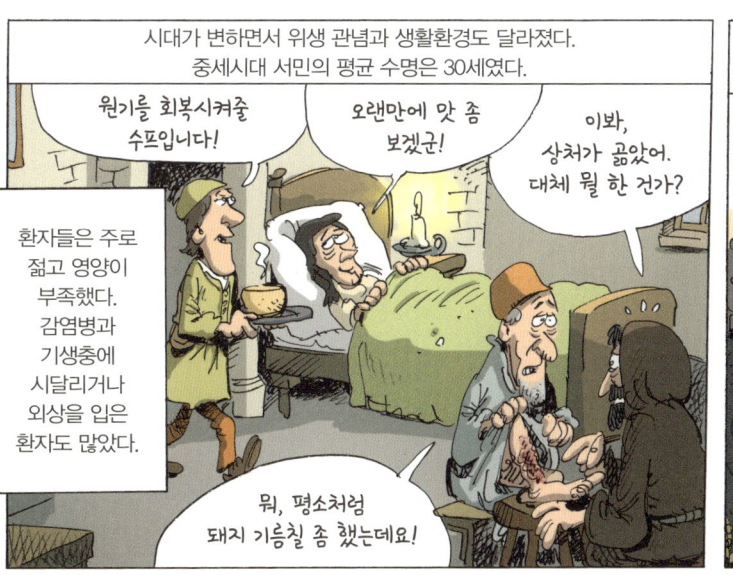

제24장
조산사와 산부인과의사

오늘날의 조산사를 과거에는 조산부, 수생파, 산파 등 다양한 이름으로 불렀다. '파婆'는 아는 것이 많은 '나이 지긋한 여자'를 뜻한다.
고대부터 출산을 돕는 일은 여성의 몫이었다. 현명한 산파는 때로는 동시대 의사와 비견되며 영광을 차지했고 때로는 마녀로 몰려 목숨을 위협받기도 했다.
시간이 흘러 조산사의 역사가 의학의 역사에 통합되어 산과학이 등장했다.
1982년부터 프랑스에서는 남자도 조산사로 일할 수 있게 되었다.

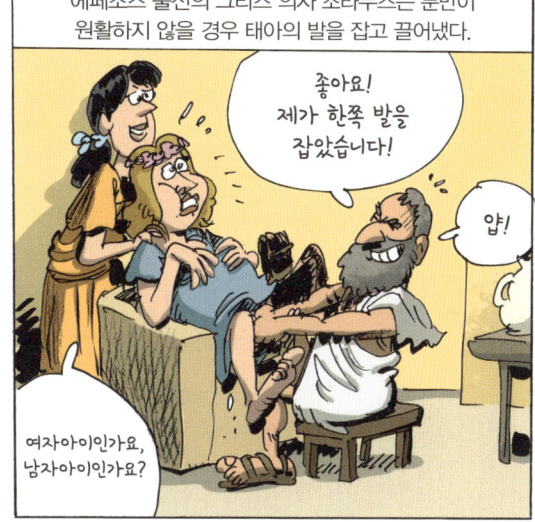

*산파술을 뜻하는 프랑스 단어 'maïeutique'에는 여신 '마이아Maïa'의 이름이 들어 있다.(옮긴이 주)

16세기부터 급격한 발전이 이루어졌다. 피터 챔벌린은 겸자를 개발해 가장 뛰어난 산파라는 명성을 유지하는 비밀스러운 도구로 사용했다.

1581년 몽펠리에에서 외과의사로 일하던 프랑수아 루세는 제왕절개 수술로 산모와 아이를 모두 구하는 데 성공했다. 이때까지 제왕절개는 죽은 산모로부터 아이를 꺼낼 때만 시도됐다.

중세시대 '아름다운 고통'은 출산의 고통을 뜻했다.

1806년 나폴레옹은 장 루이 보드로크를 파리 산부인과 강좌 전임 교수로 임명했다. 이것은 프랑스에서 처음 개설된 전문 의학 강좌였다.

1840년이 되어서야 스코틀랜드인 제임스 심프슨이 에테르에 이어 클로로포름을 이용한 무통 분만을 시도했다.

1921년 처음으로 요추 경막 외 마취가 시행됐다.

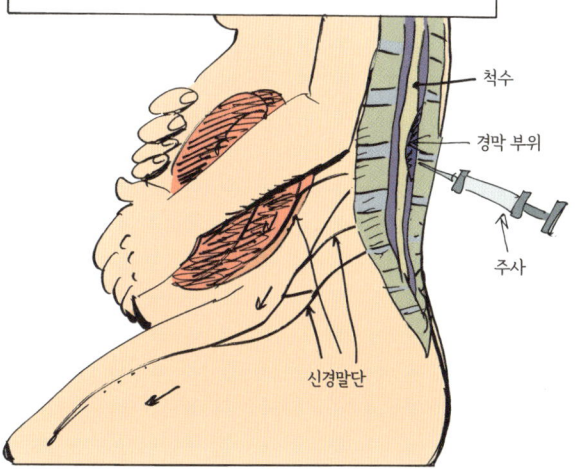

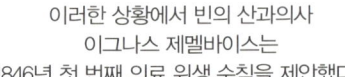

제25장
소생술과 응급처치

소생술은 비교적 최근에 발달한 분야다. 그러나 응급 상황에서 생명을 구하기 위한 방법은 수 세기에 걸쳐 다양한 모습으로 존재해왔다.

소생술이 발달한 오늘날에는 장기가 정상적으로 작동하지 않을 경우 장기의 기능을 기계로 대체한다. 심정지가 발생하면 현장에서 응급으로 이동 가능한 인공 폐심장 장치를 이용한다. 이 결과 구급차에서 전문 병원으로 이동하는 동안 심장 박동을 유지하는 것이 가능해졌다.

진전은 예기치 않게 이루어졌다. 1772년 파리의 행정관이었던 필립 니콜라 피아는 센강에 빠진 사람에게 응급 처치 후 항문을 통해 담배 연기를 밀어 넣도록 했다. 토머스 라타는 콜레라 환자의 대장에 소금물을 주사해 수분을 보충하는 방식을 고안해냈다.

각 시대는 저마다의 믿음과 비밀 그리고 방법을 간직하고 있다.

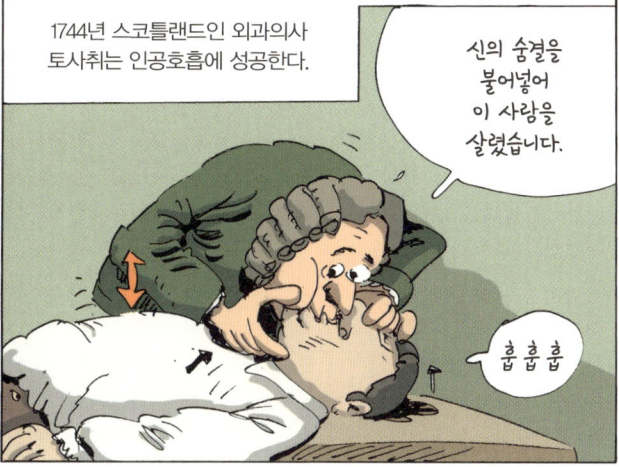

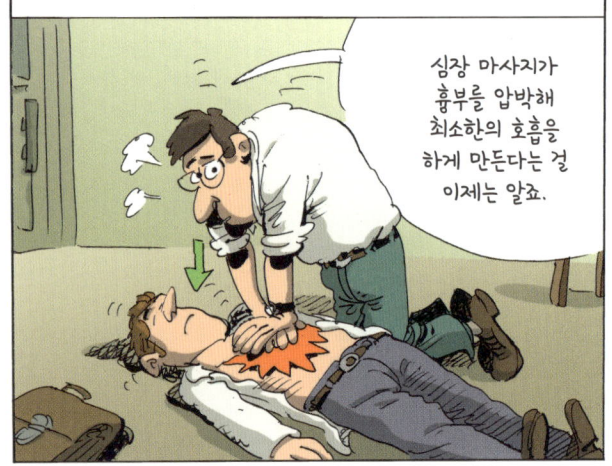
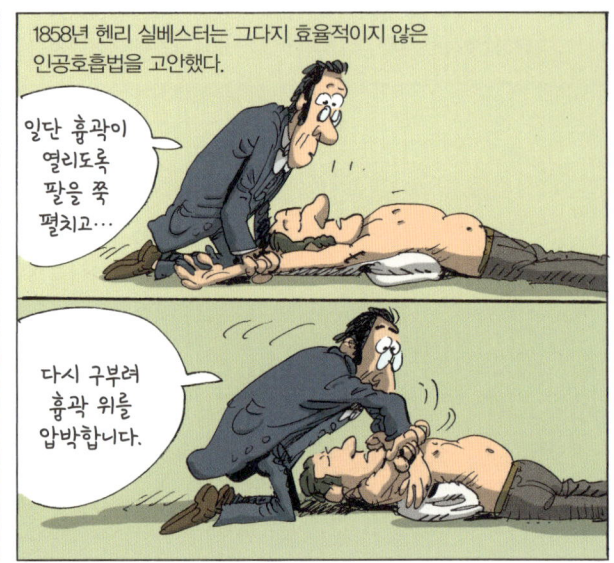
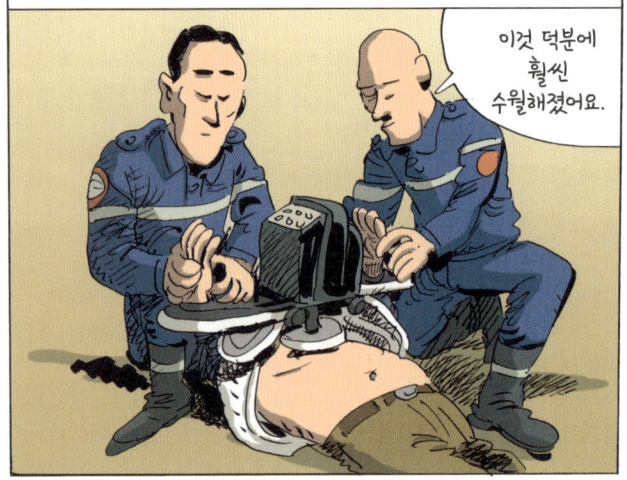
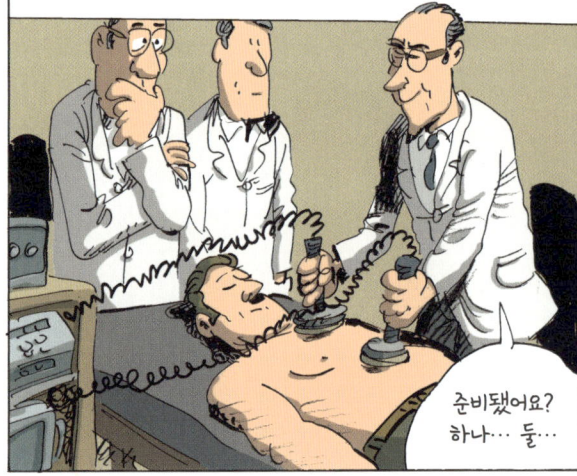
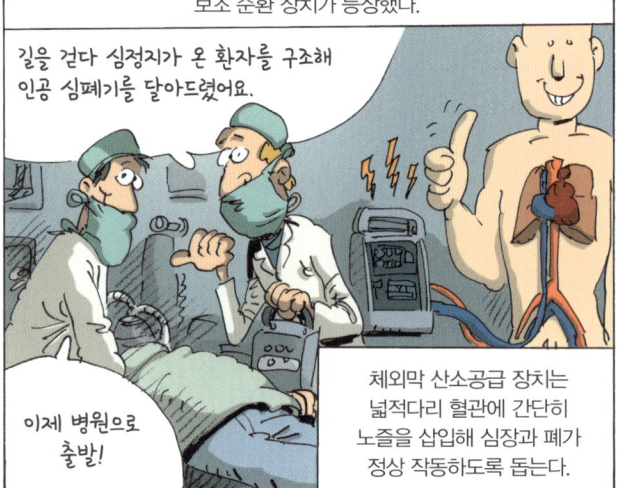
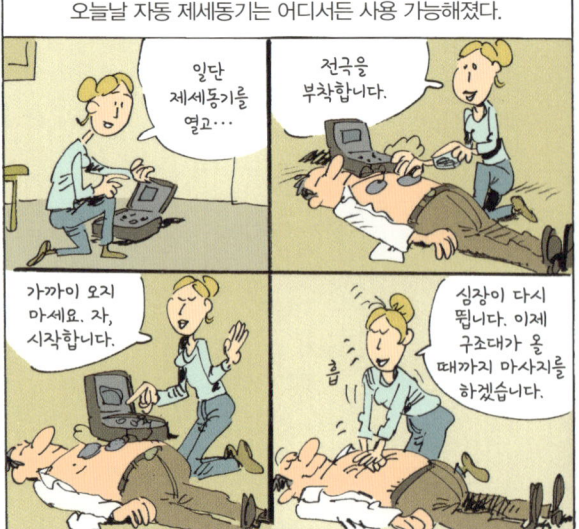

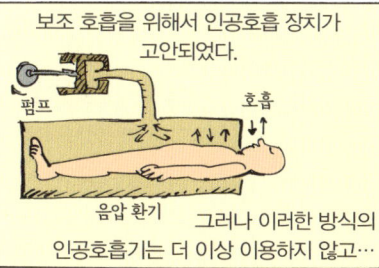
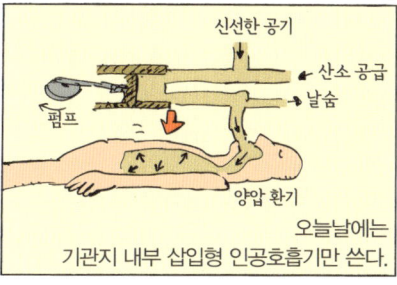

제26장
간호사의 역사

통계학자이기도 한 영국인 플로렌스 나이팅게일은 오늘날 간호사를 대표하는 이름이다.

크림전쟁 동안 나이팅게일은 부상자들에게 '꺼지지 않는 등불'로 유명했다. 그러나 나이팅게일이 전쟁터의 영웅이었다 해도 이 기간에 한 일로 그녀의 업적을 요약하는 것은 바람직하지 않다.

나이팅게일은 평생을 동시대 여성운동과 간호사 교육 프로그램 개발 및 간호사 처우 개선에 바쳤다.

나이팅게일은 살아 있는 전설이었다. 그리고 지금도 전설이다!

제27장
여성 의사

아테네의 아그노디케를 빼고서는 이 이야기를 시작할 수 없다.
아그노디케는 자신의 모든 것을 희생할 만큼 다른 사람을 치료하는 일에 열정을 가지고 있었다. 남자인 척 가장하고 공부를 하러 다른 대륙으로 건너가기도 했을 뿐 아니라 아테네 여성들을 치료하기 위해 목숨 걸고 변장하는 일도 서슴지 않았다.
비방의 대상이 된 아그노디케는 불공정한 재판에 회부되어 판결을 받게 되었다. 재판소 앞에서 벌거벗겨진 뒤에도 그녀는 결사적으로 자신의 의술을 펼쳐나가고자 했다.
마침내 기적이 일어났다. 아테네 여성들은 똑똑하면서 인간적인 아그노디케를 그들의 의사로 인정했다. 아그노디케는 여성들의 이야기에 귀 기울일 뿐 아니라 그들을 위로하는 데도 유능했다. 아그노디케가 제 자리로 돌아오기를 원한 아테네 여성들은 민주주의의 힘을 보여주기로 마음먹고 거리 시위를 통해 그들의 뜻을 이뤘다. 이 모두 여성은 시민으로 인정받지도 않던 시대에 벌어진 일이다. 남성은 여성의 요구를 받아들여야만 했고 아그노디케는 다시 의술을 펼칠 수 있게 되었다. 이 사건은 또 다른 파장을 불러일으켰다. 이제 그리스 여자는 필요한 교육을 받으면 의사가 될 수 있었다. 이것은 아테네의 법으로 보장되었다!
기원전 4세기의 이 이야기는 의사가 되고 싶은 모든 여성이 마주할 어려움을 미리 요약해 보여준다. 고난으로 가득한 기나긴 길을 지나 19세기에 드디어 여자도 의사가 될 수 있었다!

제28장
식이요법

식이요법은 의학의 역사에서 한 부분을 차지한다. 먼 옛날 구석기시대 수렵채집 사회의 가장 큰 관심사는 배불리 먹는 것이었다. 먹을 수만 있다면 곡물, 씨앗, 열매 그리고 매머드의 넓적다리도 가리지 않았다. 동물단백질을 찾아 보충하는 것이 영양 측면에서 중요한 과제였기에 필요하면 동족을 먹기도 했다.*

인간은 필요한 식량 공급을 위해 자연을 이용하는 잡식성 동물이다. 필요한 작물을 재배하기도 하고 적절한 동물을 선택해 기르기도 한다.

일부 사회에서는 생산량이 차고 넘쳐 풍족하게 먹을 수 있게 되었다. 과잉 생산은 소화기계 암, 죽상동맥경화증, 당뇨병과 같은 영양분 과다 공급으로 인한 질병을 유발한다. 과식으로 인한 문제를 막기 위해 특정 식단이 고안되었다. 그러나 동시에 인구의 대부분은 영양 부족 상태다.

종교에 따라 금식이 금지되거나 강요되기도 한다. 생태나 동물권을 이유로 고기나 동물성 제품을 소비하지 않는 사람들이 등장했다. 또한 의학적인 이유로 설탕, 소금, 글루텐, 콜레스테롤 섭취를 거부하는 사람들도 있다.

오늘날 영양학자는 모두에게 알맞은 식단을 제공하기 위해 미로 속에서 고군분투하고 있다.

---

*로이 루이스, 이승준 옮김, 《에볼루션 맨》, 코쿤아웃트, 2019.

*히포크라테스, 《오래된 치료법》

*24쪽 참고

*중세 프랑스의 유명 요리사(옮긴이 주)

제29장
병원의 역사

병원의 역사는 당연히 질병과 가난의 역사이지만 첫 시작부터 오늘날까지 병원을 세운 모든 사람들에 대한 이야기이기도 하다.

유럽에서는 중세시대에 병원이 처음으로 등장했다. 아프거나 죽어가거나 이미 죽은 세 사람이 머리와 다리가 엇갈리게 누워 병상 하나를 차지했다. 운이 좋은 환자는 병실 안쪽에 걸려 있는 커다란 예수 수난상을 마주할 수 있었다. 의사를 만나기 어렵고 약이 별 효과가 없던 시대에 환자들의 유일한 희망은 십자가에 매달린 예수님이었다. 또한 아우구스티누스 수녀회의 수녀들이 손바느질로 수의를 짓던 시대에 외과수술을 할 수 있는 사람은 이발사뿐이었다.

태양왕 루이 14세가 건설한 비세트르 병원은 병원이라기보다 감옥에 가까웠다. 이 병원은 치안을 위협하는 사람이나 전염병 환자 그리고 팔다리 잘린 병사를 강제 격리하기 위해 지어졌다. 또한 길거리에서 구걸하다가 가끔씩 부자를 대상으로 강도질을 하는 빈민 또한 격리 대상이었다. 이런 병원에서 가난과 질병은 같은 말이었다.

프랑스대혁명을 이끌었던 생 쥐스트는 빈곤이 사라질 새로운 세상에서는 병원이 필요 없다고 생각해 병원을 폐쇄하거나 다른 국유 재산처럼 팔고자 했다. 생 쥐스트의 연설에 열광한 입헌의회 의원들의 독단적 신념은 오늘날 웃음거리로 남아 있다.

나폴레옹의 실용주의 정책은 여전히 놀랍다. 나폴레옹은 병원에 상근 의사가 없다는 사실에 분개해 인턴제도를 도입하고 자신도 모르는 사이 병원 개혁에 앞장서 프랑스 의료 발전의 밑거름을 마련했다.

19세기 위대한 의사들은 임상에 필요한 해부 방법을 다시 고안하고 오늘날 알려진 거의 모든 외과수술을 시작했다. 또한 파스퇴르와 클로드 베르나르를 따라 과학자의 눈으로 질병을 바라보기 시작했다.

병원 건물은 오랜 시간 많은 시행착오를 거쳐 현재 우리에게 익숙한 모습을 갖추게 되었다.*
정보처리 기술과 인공지능을 기반으로 한 '빅데이터' 그리고
로봇공학이 명백히 큰 자리를 차지할 미래의 병원은 오늘날 예측조차 하기 어렵다.
그러나 기독교 정신으로 가득했던 초기의 병원과는 분명 다른 모습일 것이다.

*장 노엘 파비아니, 《자선을 즐기는 병원》, 레자헨느, 2016.

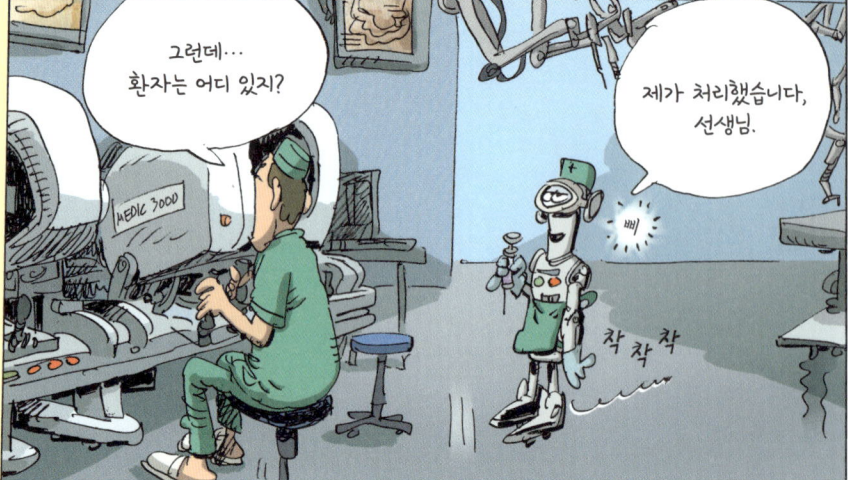

참고문헌

번역서

필리프 아리에스, 문지영 옮김, 《아동의 탄생》, 새물결, 2003.
조르주 캉길렘, 여인석 옮김, 《정상적인 것과 병리적인 것》, 그린비, 2018.
미셸 푸코, 홍성민 옮김, 《임상 의학의 탄생》, 이매진, 2006.

외서

Ameisen Jean-Claude, Berche Patrick, Brohard Yvan, Kahn Axel, *Une histoire de la médecine ou le Souffle d'Hippocrate*, La Martinière, 2011.
Bariéty Maurice, Coury Charles, *Histoire de la médecine*, Fayard, 1963.
Becchi Egle, Julia Dominique, *Histoire de l'enfance en Occident*, Le Seuil, 1998.
Binet Léon, Médecins, *biologistes et chirurgiens*, SEGEP, 1954.
Bonn Gérard, *Du clystère au stéthoscope*, Glyphe, 2015.
Chastel Claude, *Une petite histoire de la médecine*, Ellipses, 2004.
Chastel Claude, Cénac Arnaud, *Histoire de la médecine, introduction à l'épistémologie*, Ellipses, 1998.
Chevalier Patrick, *Rullière Roger, Heymans Georges, Abrégé d'histoire de la médecine*, Masson.
Coninck Philippe de, *Le Roman de la chirurgie*, Fayard, 1959.
Coppens Yves, *L'Histoire de l'homme*, Odile Jacob, 1990.
Dachez Roger, *Histoire de la médecine, de l'Antiquité à nos jours*, Tallandier, 2012.
Duhamel Pierre, *Histoire des médecins français*, Plon, 1993.
Fabiani Jean-Noël, *30 histoires insolites qui ont fait la médecine*, Plon, 2017.
Gilbert-Dreyfus, *Origines et devenir de la médecine*, Calmann-Lévy, 1968.
Gorny Philippe, *L'Aventure de la médecine*, J.-C. Lattès, 1991.
Grmek Mirko D., *Histoire de la pensée médicale en Occident*, 3 tomes, Le Seuil, 2014.
Halioua Bruno, *Abrégé d'histoire de la médecine*, Masson, 2009.
Hecketsweiler Philippe, *Histoire de la médecine, des malades, des médecins, des soins et de l'éthique biomédicale*, Ellipses, 2010.
Landry Yves, *Petite histoire des médicaments: de l'Antiquité à nos jours*, Dunod, 2011.
Lichtenthaler Charles, *Histoire de la médecine*, Fayard, 1978.
Lyons Albert, Petrucelli Joseph, *Histoire illustrée de la médecine*, Presses de la Renaissance, 1979.
Mondor Henri, *Anatomistes et chirurgiens*, Fragrance, 1949.
Parker Steve, *Médecine: Histoire illustrée de l'Antiquité à nos jours*, Larousse, 2017.
Perez Stanis, *Histoire des médecins*, Tempus, 2018.
Pickover Clifford A., *Le Beau Livre de la médecine: Des sorciers guérisseurs à la microchirurgie*, Dunod, 2013.
Schlogel Gilbert, *Les princes du sang*, Fayard, 1994.
Sournia Jean-Charles, *Histoire de la médecine*, La Découverte, 2004.
Tubiana Maurice, *Histoire de la pensée médicale*, Flammarion, 1999.
Vigarello Georges, *Histoire des pratiques de santé*, Le Seuil, 1993.

인명

제1장
헤로도토스(Herodotos, B.C. 484?-B.C. 425?)
임호테프(Imhotep, B.C. 2655-B.C. 2600)
노자(老子, B.C. 604?-?)
공자(孔子, B.C. 551-B.C. 479)
화타(華佗, ?-208?)
손사막(孫思邈, 581-682)
아스클레피아데스(Asclēpíădes, B.C. 124?-B.C. 40?)
히포크라테스(Hippocrates, B.C. 460?-B.C. 377?)
에밀 리트레(Maximilien Paul Emile Littré, 1801-1881)
소크라테스(Socrates, B.C. 469?-B.C. 399)
플라톤(Plato, B.C. 427-B.C. 347)
아리스토텔레스(Aristoteles, BC. 384-B.C. 322)
알렉산더(Alexandros the Great, B.C. 356-B.C. 323)
프톨레마이오스(Ptolemaeus, 85?-165?)
헤로필로스(Herophilos, B.C. 335-B.C. 280)
에라시스트라토스(Erasistratos, B.C. 310?-B.C. 250?)
갈레노스(Claudios Galenos, 129?-199?)
아우렐리우스(Marcus Aurelius Antoninus, 121-180)
안토니우스(Marcus Antonius, B.C. 83-B.C. 30)

제2장
무함마드(Muhammad, 570-632)
알 라지(Rhazes, 854-925)
이븐 시나(Ibn Sina 980-1037)
아부 알카심(Abū al-Qāsim, 936-1013)
이븐 알하이삼(Ibn al-Haytham, 935-1040)
이븐 주르(Ibn Zuhr, 1091-1162)
마이모니데스(Moshe ben Maimon, 1135-1204)
이븐 루시드(Ibn Rusbd, Averroes, 1126-1198)
이븐 나피스(Ibn al-Nafis, 1213-1288)
미카엘 세르베투스(Michael Servetus, 1511-1553)
크레모나의 제라드(Gerard of Cremona, 1114-1187)
코스마스&다미안(Saints Cosmas and Damian, ?-287)
디오클레티아누스(Diocletianus, 245-316)
야코포(Jacopo de Voragine, 1230-1298)
유스티아누스(Justinian the Great, 482-565)
성 앙투안(Saint Antoine, 251-356)
성 베네딕토(Saint Benedict of Nursia, 480-547)
트로툴라(Trota of Salerno, ?-1097?)
아르날두스 드 빌라노바(Arnaldus de Villanova, 1240?-1311?)
앙리 드 몽데빌(Henri de Mondeville, 1260-1320)
노스트라다무스(Michel de Nostredame, 1503-1566)
토마스 아퀴나스(Thomas Aquinas, 1225?-1274)

제3장
올리비에 르 댕(Olivier le Daim, 1428-1484)
장 피타르(Jean Pitard, 1228-1315)
힐데가르트(Hildegard von Bingen, 1098-1179)
마들렌 브레(Madeleine Brès, 1842-1921)
기 드 숄리아크(Guy de Chauliac, 1300-1368)
몬디노(Mondino de Luzzi, 1270?-1326)
앙브루아즈 파레(Ambroise Paré, 1510-1590)
샤를 펠릭스(Charles François Félix, 1635-1703)
기 파탱(Guy Patin, 1601-1672)
샤를 마레샬(Charles Georges Mareschal, 1658-1736)
프랑수아 페이로니(François Gigot de La Peyronie, 1703-1763)

제4장
에드워드 제너(Edward Jenner, 1749-1823)
에르난 코르테스(Hernan Cortés, 1485-1547)
볼테르(Voltaire, 1694-1778)
조지프 기요탱(Joseph Ignace Guillotin, 1738-1814)
윌리엄 포지(William Foege, 1936-)
알렉산더 예르생(Alexandre Yersin, 1863-1943)
키타사토 시바사부로(Kitasato Shibasaburo, 1853-1931)
폴 루이 시몽(Paul Louis Simond, 1858-1947)
조르주 지라드(Georges Girard, 1888-1985)
장 로빅(Jean Robic, 1893-1968)

바스쿠 다가마(Vasco da Gama, 1469-1524)
토머스 라타(Thomas Latta, 1796-1833)
존 스노(John Snow, 1813-1858)
빅토리아(Victoria, 1819-1901)
헨리 화이트헤드(Henry Whitehead, 1825-1896)
루이스 튈리에(Louis Thuillier, 1856-1883)
필리포 파치니(Filippo Pacini, 1812-1883)
하우메 페란(Jaume Ferran, 1851-1929)
샴부 나트(Sambhu Nath De, 1915-1985)
니르말 두타(Nirmal Kumar Dutta, 1913-1982)
프리츠 샤우딘(Fritz Schaudinn, 1871-1906)
에리히 호프만(Erich Hoffmann, 1868-1959)

제5장
막스 마이어호프(Max Meyerhof, 1874-1945)
안드레아 알파고(Andrea Alpago, 1450-1521)
안드레아 베살리우스(Andreas Vesalius, 1514-1564)
자코부스 실비우스(Jacobus Sylvius, 1478-1555)
베첼리오 티치아노(Tiziano Vecellio, 1488-1576)
얀 반 칼카르(Jan Steven van Calcar, 1499-1546)
레오나르도 다빈치(Leonardo da Vinci, 1452-1519)
리알도 콜롬보(Realdo Colombo, 1515-1559)
장 칼뱅(Jean Calvin, 1509-1564)
윌리엄 하비(William Harvey, 1578-1657)
안드레아 체살피노(Andrea Cesalpino, 1519-1603)
히에로니무스 파브리치우스(Hieronymus Fabricius, 1533-1619)
장 리올랑(Jean Riolan, 1577-1657)
에밀리우스 파리사누스(AEmilius Parisanus, 1567-1643)
데카르트(René Descartes, 1596-1650)
니콜라 부알로(Nicolas Boileau-Despréaux, 1636-1711)
라 퐁텐(Jean de La Fontaine, 1621-1695)
몰리에르(Molière, 1622-1673)
피에르 디오니스(Pierre Dionis, 1643-1718)

제6장
제르베르 도리악(Gerbert d'Aurillac, Sylvestre II, 945-1003)
갈릴레오 갈릴레이(Galileo Galilei, 1564-1642)
크리스티앙 위장(Christian Huygens, 1629-1695)
요제프 아우엔브루거(Josef Leopold Auenbrugger, 1722-1809)
르네 라에네크(René-Théophile-Hyacinthe Laennec, 1781-1826)
스테판 헤일스(Stephen Hales, 1677-1761)

에티엔 쥘 마레(Étienne-Jules Marey, 1830-1904)
오귀스트 쇼보(Auguste Chauveau, 1827-1917)
미셸 파숑(Michel Victor Pachon, 1867-1938)
카를로 마테우치(Carlo Matteucci, 1811-1868)
빌렘 에인트호벤(Willem Einthoven, 1860-1927)
안토니 반 레벤후크(Antoni Van Leeuwenhoek, 1632-1723)
요하네스 페르메이르(Johannes Vermeer, 1632-1675)
존 돌런드(John Dollond, 1706-1761)
에른스트 루스카(Ernst August Friedrich Ruska, 1906-1988)
게르트 비니히(Gerd Binnig, 1947-)
하인리히 로러(Heinrich Rohrer, 1933-2013)
윌리엄 크룩스(William Crookes, 1832-1919)
빌헬름 뢴트겐(Wilhelm Conrad Röntgen, 1845-1923)
앙투안 베클레르(Antoine Louis Gustave Béclère, 1856-1939)
앙리 베크렐(Antoine Henri Becquerel, 1852-1908)
마리 퀴리(Marie Skłodowska Curie, 1867-1934)
폴 로터버(Paul Christian Lauterbur, 1929-2007)
피터 맨스필드(Peter Mansfield, 1933-2017)
폴 랑주뱅(Paul Langevin, 1872-1946)
크리스티안 도플러(Christian Doppler, 1803-1853)

제7장
생 뱅상 드 폴(Saint Vincent de Paul, 1576-1660)
생 쥐스트(Louis Antoine Léon de Saint-Just, 1767-1794)
베르트랑 바레르(Bertrand Barère de Vieuzac, 1755-1841)
펠릭스 비크 다쥐르(Félix Vicq d'Azyr, 1748-1794)
샤를 푸르크르와(Antoine Francois de Fourcroy, 1755-1809)
피에르 조셉 드소(Pierre-Joseph Desault, 1738-1795)
사비에르 비샤(Marie François Xavier Bichat, 1771-1802)
도미니크장 라레(Dominique-Jean Larrey, 1766-1842)
지오반니 모르가니(Giovanni Morgagni, 1682-1771)
장 부일로(Jean-Baptiste Bouillaud, 1796-1881)
피에르 부댕(Pierre-Constant Budin, 1846-1907)
기욤 뒤퓌트랑(Baron Guillaume Dupuytren, 1777-1835)
시오도어 빌로스(Christian Albert Theodor Billroth, 1829-1894)
조셉 리스터(Joseph Lister, 1827-1912)
피에르 페르시(Pierre-François Percy, 1754-1825)

제8장
호러스 웰스(Horace Wells, 1815-1848)
존 워런(John Warren, 1753-1815)
윌리엄 모턴(William Thomas Green Morton, 1819-1868)
찰스 토머스 잭슨(Charles Thomas Jackson, 1805-1880)

제임스 심프슨(James Young Simpson, 1811-1870)
알프레드 벨포(Alfred-Armand-Louis-Marie Velpeau, 1795-1867)
클로드 베르나르(Claude Bernard, 1813-1878)
앙투안 라부아지에(Antoine Laurent de Lavoisier, 1743-1794)
프란츠 쿤(Franz Kuhn, 1866-1929)
외젠 우아레즈(Eugène Joseph Woillez, 1811-1882)
필립 드링커(Philip Drinker, 1894-1972)
요한 드래거(Johann Heinrich Dräger, 1847-1917)

제9장
이그나스 제멜바이스(Ignaz Semmelweis, 1818-1865)
요한 클라인(Johann Klein, 1788-1856)
야코프 콜레츠카(Jakob Kolletschka 1803-1847)
루이 페르디낭 셀린(Louis-Ferdinand Céline, 1894-1961)
루이스 파스퇴르(Louis Pasteur, 1822-1895)
조지프 리스터(Joseph Lister, 1827-1912)
로베르트 코흐(Robert Koch, 1843-1910)
줄리우스 페트리(Julius Richard Petri, 1852-1921)
샤를 샹베를랑(Charles Édouard Chamberland, 1851-1908)
피에르 루(Pierre Paul Émile Roux, 1853-1933)
알프레드 뷜피앙(Edmé Félix Alfred Vulpian, 1818-1887)
자크 그랑셰(Jacques-Joseph Grancher, 1843-1907)
알렉산드르 예르신(Alexandre Emile Jean Yersin, 1863-1943)
조셉 마이스터(Joseph Meister, 1876-1940)
에밀 베링(Emil Adolph von Behring, 1854-1917)
일리야 메치니코프(Ilya Mechnikov, 1845-1916)
카미유 게랭(Jean-Marie Camille Guérin, 1872-1961)
알베르 칼메트(Léon Charles Albert Calmette, 1863-1933)
마르티누스 베이제린크(Martinus Willem Beijerinck, 1851-1931)
윌리엄 홀스테드(William Stewart Halsted, 1852-1922)
윌리엄 웰치(William Henry Welch, 1850-1934)
캐롤라인 햄프턴(Caroline Hampton Halsted, 1861-1922)
찰스 굿이어(Charles Goodyear, 1800-1860)
윌리엄 오슬러(William Osler, 1849-1919)
하워드 켈리(Howard Atwood Kelly, 1858-1943)
크리스티안 에이크만(Christiaan Eijkman, 1858-1930)
코르넬리스 페켈하링(Cornelis Adrianus Pekelharing, 1848-1922)
카시미르 풍크(Kazimierz Funk, 1884-1967)

제10장
프랑수아 마장디(François Magendie, 1783-1855)
마르첼로 말피기(Marcello Malpighi, 1628-1694)
찰스 벨(Charles Bell, 1774-1842)

제11장
장 자크 루소(Jean Jacques Rousseau, 1712-1778)
요하네스 파티오(Johannes Fatio, 1649-1691)
스테판 타르니에(Stéphane Étienne Tarnier, 1828-1897)
파울 페로쇼(Paul Perrochaud, 1816-1879)
마리안 뒤아멜(Marie-Anne Duhamel, 1797-1860),
장 캐롯(Jean-François Calot, 1861-1944)
헬렌 타우시그(Helen Brooke Taussig, 1898-1986)
알프레드 블레이락(Alfred Blalock, 1899-1964)
비비안 토머스(Vivien Theodore Thomas, 1910-1985)
로베르 드브레(Robert Debre, 1882-1978)
미셸 드브레(Michel Jean-Pierre Debré, 1912-1996)
마르트 고티에(Marthe Gautier, 1925-)
질베르 위오(Gilbert Huault, 1932-2013)
자크 라캉(Jacques Marie Emile Lacan, 1901-1981)
프랑수아즈 돌토(Françoise Dolto, 1908-1988)

제12장
윌리엄 컬런(William Cullen, 1710-1790)
프란츠 메스머(Franz Anton Mesmer, 1734-1815)
필리프 피넬(Philippe Pinel, 1745-1826)
조르주 쿠통(Georges Auguste Couthon, 1755-1794)
장 바티스트 푸생(Jean-Baptiste Pussin, 1746-1811)
장 에티엔 에스키롤(Jean-Étienne Dominique Esquirol, 1772-1840)
장 바티스트 파르샤프(Jean-Baptiste-Maximien Parchappe, 1800-1866)
베네딕트 모렐(Bénédict Augustin Morel, 1809-1873)
발렌틴 마냥(Valentin Magnan, 1835-1916)
프란츠 갈(Franz Joseph Gall, 1758-1828)
에밀 크레펠린(Emil Kraepelin, 1856-1926)
오이겐 블로일러(Eugen Bleuler, 1857-1939)
알로이스 알츠하이머(Aloysius Alzheimer, 1864-1915)
장 샤르코(Jean-Martin Charcot, 1825-1893)
지그문트 프로이트(Sigismund Schlomo Freud, 1856-1939)
알프레드 아들러(Alfred Adler, 1870-1937)
칼 융(Carl Gustav Jung, 1875-1961)
피에르 자네(Pierre Janet, 1859-1947)
테오뒬 리보(Théodule-Armand Ribo, 1839-1916)
장 피아제(Jean Piaget, 1896-1980)
에가스 모니스(António Egas Moniz, 1874-1955)

앙리 라보리(Henri Laborit, 1914-1995)
장 들레이(Jean Delay, 1907-1987)
피에르 드니커(Pierre Deniker, 1917-1998)
롤랜드 쿤(Roland Kuhn, 1912-2005)
존 케이드(John Frederick Joseph Cade, 1912-1980)
포울 바스트룹(Poul Christian Baastrup, 1918-2002)
모겐스 쇼우(Mogens Schou, 1918-2005)
앨버트 호프만(Albert Hofmann, 1906-2008)
토머스 사츠(Thomas Stephen Szasz, 1920-2012)
토머스 윌리스(Thomas Willis, 1621-1675)
루이지 갈바니(Luigi Aloisio Galvani, 1737-1798)
알레산드로 볼타(Alessandro Volta, 1745-1827)
메리 셸리(Mary Shelley, 1797-1851)
한스 베르거(Hans Berger, 1873-1941)
폴 브로카(Paul Pierre Broca, 1824-1880)
칼 베르니케(Carl Wernicke, 1848-1905)
데지레 부르느빌(Désiré-Magloire Bourneville, 1840-1909)
피에르 마리(Pierre Marie, 1853-1940)
조셉 바빈스키(Joseph Jules François Félix Babinski, 1857-1932)
알프레드 비네(Alfred Binet, 1857-1911)
질 드 라 투레트(Georges Gilles de la Tourette, 1857-1904)
피니어스 게이지(Phineas Gage, 1823-1860)
데이비드 페리어(David Ferrier, 1843-1928)
로저 스페리(Roger Sperry, 1913-1994)
카밀로 골지(Camillo Golgi, 1843-1926)
라몬 이 카할(Santiago Ramón y Cajal, 1852-1934)
찰스 셰링턴(Charles Scott Sherrington, 1857-1952)
루돌프 피르호(Rudolf Ludwig Karl Virchow, 1821-1902)
오토 뢰비(Otto Loewi, 1873-1961)
하비 쿠싱(Harvey Williams Cushing, 1869-1939)
티에리 마르텔(Thierry de Martel, 1875-1940)
클로비스 뱅상(Clovis Vincent, 1879-1947)

제13장
요하네스 케플러(Johannes Kepler, 1571-1630)
장 메리(Jean Méry, 1645-1722)
존 테일러(John Taylor, 1703-1772)
자크 다비엘(Jacques Daviel, 1693-1762)
이브 풀리캉(Yves Pouliquen, 1931-)
알리 알 타바리(Ali ibn Sahl Rabban al-Tabari, 838?-870?)
알브레히트 폰 그라페(Friedrich Wilhelm Ernst Albrecht von Gräfe, 1828-1870)
토머스 영(Thomas Young, 1773-1829)

헤르만 헬름홀츠(Hermann Ludwig Ferdinand von Helmholtz, 1821-1894)
에밀 뒤 부아 레몽(Emil du Bois-Reymond, 1818-1896)
줄스 고닌(Jules Gonin, 1870-1935)
프란츠 라이징거(Franz Reisinger, 1787-1855)
에두아르트 치름(Eduard Konrad Zirm, 1863-1944)
아돌프 픽(Adolf Eugen Fick, 1852-1937)
아우구스트 뮐러(August Muller, 1864-1949)
호세 알랭 사헬(José-Alain Sahel, 1955-)
츠토무 사토(Tsutomu Sato, 1902-1960)
스브야토슬라프 표도로프(Svyatoslav Nikolayevich Fyodorov, 1927-2000)

제14장
그레고어 멘델(Gregor Johann Mendel, 1822-1884)
빌헬름 요한센(Wilhelm Johannsen, 1857-1927)
찰스 다윈(Charles Robert Darwin, 1809-1882)
휴고 드 브리스(Hugo Marie de Vries, 1848-1935)
카를 코렌스(Carl Erich Correns, 1864-1933)
체르마크 폰 세이세네크(Erich von Tschermak Seysenegg, 1871-1962)
발터 플레밍(Walther Flemming, 1843-1905)
월터 서턴(Walter Stanborough Sutton, 1877-1916)
에두아르 반 베네덴(Édouard Joseph Louis Marie Van Beneden, 1846-1910)
토머스 모건(Thomas Hunt Morgan, 1866-1945)
프리드리히 미셔(Johannes Friedrich Miescher, 1844-1895)
오즈월드 에이버리(Oswald Avery, 1877-1955)
제임스 왓슨(James Dewey Watson, 1928-)
프란시스 크릭(Francis Harry Compton Crick, 1916-2004)
로잘린드 프랭클린(Rosalind Elsie Franklin, 1920-1958)
조슈아 레더버그(Joshua Lederberg, 1925-2008)
베르너 아르버(Werner Arber, 1929-)
스탠리 코헨(Stanley Norman Cohen, 1935-)
허버트 보이어(Herbert Wayne Boyer, 1936-)
스티븐 로젠버그(Steven A. Rosenberg, 1940-)
알랭 피셔(Alain Fischer, 1949-)
필립 메나셰(Phillippe Menasché, 1950-)
존 거든(John Bertrand Gurdon, 1933-)
야마나카 신야(Shinya Yamanaka, 1962-)

제15장
에른스트 그레펜베르크(Ernst Gräfenberg, 1881-1957)
오기노 큐사쿠(Ogino Kyusaku, 1882-1975)

알프레드 킨제이(Alfred Charles Kinsey, 1894-1956)
윌리엄 마스터스(William Howell Masters, 1915-2001)
버지니아 존슨(Mary Virginia Eshelman, 1925-2013)
그레고리 핀커스(Gregory Goodwin Pincus, 1903-1967)
시몬 베유(Simone Veil, 1927-2017)
존 헌터(John Hunter, 1728-1793)
패트릭 스텝토(Patrick Christopher Steptoe, 1913-1988)
로버트 에드워즈(Robert Geoffrey Edwards, 1925-2013)
르네 프리드만(René Frydman, 1943-)
앨런 트런센(Alan Osborne Trounson, 1946-)

제16장

장 바티스트 드니(Jean-Baptiste Denys, 1643-1704)
드니 디드로(Denis Diderot, 1713-1784)
제임스 브룬델(James Blundell, 1790-1878)
카를 란트슈타이너(Karl Landsteiner, 1868-1943)
알렉산더 위너(Alexander Solomon Wiener, 1907-1976)
에밀 장브로(Émile Alexis Jeanbrau, 1873-1950)
앨버트 휴스틴(Albert Hustin, 1882-1967)
아르노 챙크(Arnault Tzanck, 1886-1954)
에드윈 콘(Edwin Joseph Cohn, 1892-1953)
가스페레 타그리아코찌(Gaspare Tagliacozzi, 1545-1599)
폴 베르(Paul Bert, 1833-1886)
자크 르베르댕(Jaques-Louis Reverdin, 1842-1929)
알렉시 카렐(Alexis Carrel, 1873-1944)
찰스 거스리(Charles Claude Guthrie, 1880-1963)
찰스 린드버그(Charles Augustus Lindbergh, 1902-1974)
에밀 홀먼(Emile Frederic Holman, 1890-1977)
샤를 리셰(Charles Robert Richet, 1850-1935)
쥘 보르데(Jules Jean Baptiste Vincent Bordet, 1870-1961)
데이비드 흄(David Hume, 1917-1973)
샤를 뒤보(Charles Dubost, 1914-1991)
르네 쿠스(René Küss, 1913-2006)
마르소 세르벨(Marceau Servelle, 1912-2002)
장 햄버거(Jean Hamburger, 1909-1992)
조셉 머리(Joseph Edward Murray, 1919-2012)
존 메릴(John Putnam Merrill, 1917-1984)
존 해리슨(John Hartwell Harrison, 1909-1984)
프랭크 버넷(Frank Macfarlane Burnet, 1899-1985)
피터 메더워(Peter Medawar, 1915-1987)
장 도세(Jean-Baptiste-Gabriel-Joachim Dausset, 1916-2009)
윌러드 굿윈(Willard E. Goodwin, 1915-1998)
제임스 하디(James D. Hardy, 1918-2003)

토머스 스타즐(Thomas Earl Starzl, 1926-2017)
윌리엄 코벤호벤(William Bennet Kouwenhoven, 1886-1975),
피에르 몰라레(Pierre Mollaret, 1898-1987)
모리셔스 굴롱(Maurice Goulon, 1919-2008)
노먼 섬웨이(Norman Edward Shumway, 1923-2006)
크리스티안 바너드(Christiaan Neethling Barnard, 1922-2001)
덴턴 쿨리(Denton Arthur Cooley, 1920-2016)
장 보렐(Jean-François Borel, 1933-)
브라이언 보이스(Brian Gerald Barratt-Boyes, 1924-2006)
자크 오도(Jacques Oudot, 1913-1953)
알랭 카펜티에르(Alain Frédéric Carpentier, 1933-)
로베르 쥐데(Robert Judet, 1909-1980)
오스틴 무어(Austin Talley Moore, 1899-1963)
윌렘 콜프(Willem Johan Kolff, 1911-2009)
테츠코 아쿠츠(Tetsuzo Akutsu, 1922-2007)
로버트 자빅(Robert Koffler Jarvik, 1946-)
마이클 드베이키(Michael Ellis DeBakey, 1908-2008)
윌슨 그레이트배치(Wilson Greatbatch, 1919-2011)
아케 세닝(Åke Senning, 1915-2000)
클로드 벡(Claude Schaeffer Beck, 1894-1971)
미셸 미로스키(Michel Mirowski, 1924-1990)
앨버트 스타(Albert Starr, 1926-)
알랭 크리비에(Alain Cribier, 1945-)
헬렌 엘차니노프(Hélène Eltchaninoff, 1960-)

제17장

파라켈수스(Paracelse, 1493-1541)
칼 린네(Carl von Linne, 1707-1778)
프리드리히 제르튀르너(Friedrich Wilhelm Adam Sertürner, 1783-1841)
피에르 펠레티에(Pierre-Joseph Pelletier, 1788-1842)
조셉 카방투(Joseph Bienaimé Caventou, 1795-1877)
클로드 나티벨(Claude Adolphe Nativelle, 1812-1889)
존 펨버튼(John Stith Pemberton, 1831-1888)
안젤로 마리아니(Angelo Mariani, 1838-1914)
사무엘 하네만(Christian Friedrich Samuel Hahnemann, 1755-1843)
피에르 르루(Pierre-Joseph Leroux, 1795-1870)
게르하르트 도마크(Gerhard Johannes Paul Domagk, 1895-1964)
가브리엘 루(Gabriel Roux, 1862-1926)
에르네스트 뒤센(Ernest Duchesne, 1874-1912)
자크 르핀(Jacques Raphaël Lépine, 1840-1919)

알렉산더 플레밍(Alexander Fleming, 1881-1955)
하워드 플로리(Howard Walter Florey, 1898-1968)
에른스트 체인Ernst Boris Chain, 1906-1979)
셀먼 왁스먼(Selman Abraham Waksman, 1888-1973)
다카미네 조키치(Takamine Jokichi, 1854-1922)
제임스 블랙(James Whyte Black, 1924-2010)
에드워드 켄들(Edward Calvin Kendall, 1886-1972)
필립 헨치(Philip Showalter Hench, 1896-1965)
오스카 민코브스키(Oskar Minkowski, 1858-1931)
요제프 메링(Josef, Baron von Mering, 1849-1908)
프레더릭 밴팅(Frederick Grant Banting,1891-1941)
샤를 하버트 베스트(Charles Herbert Best, 1899-1978)
제이 매클레인(Jay McLean, 1890-1957)
윌리엄 하웰(William Henry Howell, 1860-1945)
아르망 퀵(Armand James Quick, 1894-1978)
배리 마셜(Barry James Marshall, 1951-)
존 워렌(John Robin Warren, 1937-)
네이선 클라인(Nathan Schellenberg Kline, 1916-1983)
앙투안 발라르(Antoine-Jérôme Balard, 1802-1876)
토머스 브룬톤(Thomas Lauder Brunton, 1844-1916)
아스카니오 소브레로(Ascanio Sobrero, 1812-1888)
알프레드 노벨(Alfred Bernhard Nobel, 1833-1896)
윌리엄 머렐(William Murrell, 1853-1912)
로베르트 티게르스테트(Robert Adolph Armand Tigerstedt, 1853-1923)
루이스 굿맨(Louis Sanford Goodman, 1906-2000)
알프레드 길먼(Alfred Zack Gilman, 1908-1984)
시드니 파버(Sidney Farber, 1903-1973)
에밀 프레이(Emil Tom Frei III, 1924-2013)
존 베인(John Robert Vane, 1927-2004)
살바도르 몬카다(Salvador Moncada, 1944-)

제18장
장 자크 벨록(Jean Jacques Belloc 1730-1807)
엠마누엘 포데레(Francois Emmanuel Fodere, 1764-1835)
체사레 롬브로소(Cesare Lombroso, 1835-1909)
알렉산더 라카사뉴(Alexandre Lacassagne, 1843-1924)
마티외 오르필라(Mathieu Joseph Bonaventure Orfila, 1787-1853)
프랑수아 빈센트 라스파이유(Francois Vincent Raspail, 1794-1878)
알퐁스 베르티용(Alphonse Bertillon, 1853-1914)
헨리 폴즈(Henry Faulds, 1843-1930)
프랜시스 골턴(Francis Galton, 1822-1911)

루이스 레핀(Louis Jean-Baptiste Lépine, 1846-1933)
에드몽 로카르(Edmond Locard, 1877-1966)
필립 샤를리에(Philippe Charlier, 1977-)

제19장
테오프라스트 르노도(Théophraste Renaudot, 1586-1653)
막시밀리앙 로베스피에르(Maximilien Robespierre, 1758-1794)
시드니 스미스(William Sidney Smith, 1764-1840)
게르하르트 블리처(Gebhard Leberecht von Blücher, 1742-1819)
앙리 뒤낭(Jean Henri Dunant, 1828-1910)
외젠 자모(Eugène Jamot, 1879-1937)
앨버트 슈바이처(Albert Schweitzer, 1875-1965)
오토 폰 비스마르크(Otto Eduard Leopold von Bismarck, 1815-1898)
윌리엄 베버리지(William Henry Beveridge, 1879-1963)
피에르 라로크(Pierre Laroque, 1907-1997)
베르나르 쿠슈네르(Bernard Kouchner, 1939-)
샤를 드골(Charles De Gaulle, 1890-1970)
알랭 드로셰(Alain Deloche, 1940-)

제20장
알베르트 센트죄르지(Szent-Györgyi Albert, 1893-1986)
라이너스 폴링(Linus Carl Pauling, 1901-1994)
헨리 데이킨(Henry Drysdale Dakin, 1880-1952)
레옹 뒤포멘텔(Léon Dufourmentel, 1884-1957)
리처드 파이퍼(Richard Friedrich Johannes Pfeiffer, 1858-1945)
리처드 쇼프(Richard Shope, 1901-1966)
크리스토퍼 앤드류스(Christopher Andrewes, 1896-1988)
윌슨 스미스(Wilson Smith, 1897-1965)
패트릭 베르슈(Patrick Berche, 1945-)
알퐁스 라브랑(Charles Louis Alphonse Laveran, 1845-1922)
로널드 로스(Ronald Ross, 1857-1932)
로버트 갤로(Robert Charles Gallo, 1937-)
바레 시누시(Françoise Barré-Sinoussi, 1947-)
뤽 몽타니에(Luc Antoine Montagnier, 1932-)
윌리 로젠바움(Willy Rozenbaum, 1945-)
피터 피옷(Peter Piot, 1949-)

제21장
존 기번(John Heysham Gibbon Jr, 1903-1973)
메리 기번(Mary Hopkinson Gibbon, 1905-1986)
왈튼 라일헤이(Clarence Walton Lillehei, 1918-1999)

윌프레드 비글로(Wilfred Gordon Bigelow, 1913-2005)
리처드 드월(Richard A. DeWall, 1926-2016)
존 커클린(John W. Kirklin, 1917-2004)
텐튼 쿨리(Denton Arthur Cooley, 1920-2016)
메이슨 손스(F. Mason Sones, Jr, 1918-1985)
르네 파바로로(René Gerónimo Favaloro, 1923-2000)
안드레아스 그루엔트지히(Andreas Roland Grüntzig, 1939-1985)
자크 퓌엘(Jacques Puel, 1949-2008)
앙트완 드조르모(Antonin Jean Desormeaux, 1815-1894)

제22장

보니파키우스 8세(Boniface VIII, 1230-1303)
마태오 오리(Matthieu Ory, 1492-1557)

제23장

르 루아 라뒤리(Le Roy Ladurie, 1929-)
자크 카르티에(Jacques Cartier, 1491-1557)

제24장

소라누스(Soranos, 98-?)
안젤리크 뒤 쿠드레(Angélique du Coudray, 1712-1789)
프랑수아 모리소(François Mauriceau, 1637-1709)
피터 챔벌린(Peter Chamberlen, 1560-1631)
프랑수아 루세(François Rousset, 1525-1598)
장 루이 보드로크(Jean-Louis Baudelocque, 1745-1810)
마리 루이즈 라샤펠(Marie-Louise Lachapelle, 1769-1821)

제25장

필립 니콜라 피아(Philippe-Nicolas Pia, 1721-1799)
토머스 라타(Thomas Latta, 1796-1833)
윌리엄 토사취(William Tossach, 1700-1771)
윌리엄 버컨(William Buchan, 1729-1805)
앙투안 포탈(Antoine Portal, 1742-1832)
피터 사파(Peter Safar, 1924-2003)
헨리 실베스터(Henri Silvester, 1829-1908)
루이즈 라랭(Louis Lareng, 1923-2019)

제26장

플로렌스 나이팅게일(Florence Nightingale, 1820-1910)
엘리자베스 블랙웰(Elizabeth Blackwell, 1821-1910)
마리 마르뱅(Marie Marvingt, 1875-1963)

제27장

아그노디케(Agnodice, BC 4C?-?)
메리트 프타(Meryt-Ptah, BC 2700?-?)
마리 라 쥐브(Marie la Juive, 1C?-3C?)
도로테아 부카(Dorotea Bocchi, 1360-1436)
엘리자베스 가렛(Elizabeth Garrett, 1836-1917)
수잔 노엘(Suzanne Noel, 1878-1954)

제28장

윌리엄 밴팅(William Banting, 1796-1878)
미셸 몽티냑(Michel Montignac, 1944-2010)

제29장

장 드니 코상(Jean-Denis Cochin, 1726-1783)
니콜라 보종(Nicolas Beaujon, 1718-1786)
수잔 네케르(Suzanne Necker, 1737-1794)
요제프 2세(Joseph II, 1741-1790)
가브리엘 팔레(Gabriel Pallez, 1925-1998)